QuadAGENDA
2022-2023

"L'educazione è cosa di cuore"
Don Bosco

NOME . . . .

TELEFONO . . . .

EMAIL . . . .

SCUOLA . . . .

INDIRIZZO SCUOLA . . . .

TELEFONO SEGRETERIA . . . .

QuadAGENDA

è pronta per accompagnarti, proprio come un'amica, in un nuovo fantastico viaggio.

Per ispirarti a diventare un insegnante che studia, diventa ogni giorno più consapevole, si evolve ed ha il coraggio di cambiare, se necessario, il proprio modo di insegnare per fare la differenza, per rendere la scuola un luogo magico in cui ogni bambino e bambina ed ogni insegnante possa vivere una delle più meravigliose avventure della sua vita.

Tra le pagine di Quadagenda troverai suggerimenti, spunti e consigli per affrontare questo viaggio insieme.

INDICE CONTENUTI

QuadAGENDA
SELFIE

SORPRESA!
Quest'anno Quadagenda ti regala contenuti esclusivi
per tutto l'anno scolastico!

Per riceverli fai un selfie alla tua Quadagenda
e condividilo nelle Stories di Instagram menzionando

@MAESTRA IN BLUE JEANS

(Sei hai un profilo privato, basta inviarmi uno screenshoot)

PLAYLIST

Sarà un anno scolastico pieno
di emozioni, obiettivi da raggiungere
e sogni da realizzare, per questo serve
una colonna sonora piena di energia!

Apri Spotify, clicca sull'icona Ricerca,
poi sull'icona della macchina
fotografica e scansiona questo codice!
Fai il pieno di energiaaaaaa!

Spero che

QuadAGENDA

ti piaccia e ti renda felice.
Se è così, fammelo
sapere con una

RECENSIONE
SU AMAZON

☆☆☆☆☆

ORARIO PROVVISORIO

	LUNEDÌ	MARTEDÌ	MERCOLEDÌ	GIOVEDÌ	VENERDÌ	SABATO
1						
2						
3						
4						
5						
6						

ORARIO DEFINITIVO

	LUNEDÌ	MARTEDÌ	MERCOLEDÌ	GIOVEDÌ	VENERDÌ	SABATO
1						
2						
3						
4						
5						
6						

CALENDARIO 2022-2023

LUGLIO

L	M	M	G	V	S	D
				1	2	3
4	5	6	7	8	9	10
11	12	13	14	15	16	17
18	19	20	21	22	23	24
25	26	27	28	29	30	31

AGOSTO

L	M	M	G	V	S	D
1	2	3	4	5	6	7
8	9	10	11	12	13	14
15	16	17	18	19	20	21
22	23	24	25	26	27	28
29	30	31				

SETTEMBRE

L	M	M	G	V	S	D
			1	2	3	4
5	6	7	8	9	10	11
12	13	14	15	16	17	18
19	20	21	22	23	24	25
26	27	28	29	30		

OTTOBRE

L	M	M	G	V	S	D
					1	2
3	4	5	6	7	8	9
10	11	12	13	14	15	16
17	18	19	20	21	22	23
24	25	26	27	28	29	30
31						

NOVEMBRE

L	M	M	G	V	S	D
	1	2	3	4	5	6
7	8	9	10	11	12	13
14	15	16	17	18	19	20
21	22	23	24	25	26	27
28	29	30				

DICEMBRE

L	M	M	G	V	S	D
			1	2	3	4
5	6	7	8	9	10	11
12	13	14	15	16	17	18
19	20	21	22	23	24	25
26	27	28	29	30	31	

GENNAIO

L	M	M	G	V	S	D
						1
2	3	4	5	6	7	8
9	10	11	12	13	14	15
16	17	18	19	20	21	22
23	24	25	26	27	28	29
30	31					

FEBBRAIO

L	M	M	G	V	S	D
		1	2	3	4	5
6	7	8	9	10	11	12
13	14	15	16	17	18	19
20	21	22	23	24	25	26
27	28					

MARZO

L	M	M	G	V	S	D
		1	2	3	4	5
6	7	8	9	10	11	12
13	14	15	16	17	18	19
20	21	22	23	24	25	26
27	28	29	30	31		

APRILE

L	M	M	G	V	S	D
					1	2
3	4	5	6	7	8	9
10	11	12	13	14	15	16
17	18	19	20	21	22	23
24	25	26	27	28	29	30

MAGGIO

L	M	M	G	V	S	D
1	2	3	4	5	6	7
8	9	10	11	12	13	14
15	16	17	18	19	20	21
22	23	24	25	26	27	28
29	30	31				

GIUGNO

L	M	M	G	V	S	D
			1	2	3	4
5	6	7	8	9	10	11
12	13	14	15	16	17	18
19	20	21	22	23	24	25
26	27	28	29	30		

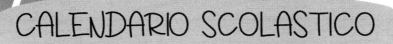

CALENDARIO SCOLASTICO

Inizio delle lezioni ....

Vacanze natalizie dal ....
al ....

Vacanze di carnevale dal ....
al ....

Vacanze pasquali dal ....
al ....

Altre vacanze ....
....
....
....

Termine delle lezioni ....
....

Termine delle
attività didattiche ....
....

PLANNER ANNUALE

LUGLIO

....

....

....

....

....

....

....

AGOSTO

....

....

....

....

....

....

....

PLANNER ANNUALE

SETTEMBRE

OTTOBRE

PLANNER ANNUALE

NOVEMBRE

DICEMBRE

PLANNER ANNUALE

GENNAIO

FEBBRAIO

PLANNER ANNUALE

MARZO

APRILE

PLANNER ANNUALE

MAGGIO

GIUGNO

BUSTA PORTA DOCUMENTI

Fotocopia su un cartoncino, ritaglia la busta e incollala nella prima pagina.

Incolla su B

Piega qui

Piega qui

Piega qui

B

A

©Maestrainbluejeans - QuadAgenda 2022

Incolla questa parte sulla prima pagina

Piega qui

Piega qui

Piega qui

Piega qui

Incolla su A

SEGNALIBRO

Fotocopia su un cartoncino, ritaglia il segnalibro, incollalo nell'ultima pagina ed utilizzalo come fosse una cordina.

Piega lungo la linea tratteggiata ed incolla nell'ultima pagina

Parte A

Incolla qui sotto

Incolla questa parte sotto alla parte A

OGGI

BENVENUTO LUGLIO

OBIETTIVI DEL MESE

1 ....
....
2 ....
....
3 ....
....

TO DO

☐ ....
☐ ....
☐ ....
☐ ....
☐ ....
☐ ....

NOTE

Complimenti per lo splendido lavoro svolto durante
l'anno scolastico appena terminato!
Ora è il momento di riposarti, ricaricarti e trascorrere
una meravigliosa estate!
Inizia promettendo di seguire i consigli giornalieri
"Only for me" proposti nel mese di Luglio.

LUNEDÌ	MARTEDÌ	MERCOLEDÌ	GIOVEDÌ	VENERDÌ	SABATO	DOMENICA
27	28	29	30	1	2	3
4	5	6	7	8	9	10
11	12	13	14	15	16	17
18	19	20	21	22	23	24
25	26	27	28	29	30	31

BRILLA COME IL SOLE

Colora il mandala ascoltando una musica rilassante

POZIONE DELL'AUTOSTIMA

Quali ingredienti puoi aggiungere alla pozione?
Pensa a...

COSE IN CUI SONO MOLTO BRAVA/O

Sono brava/o a ad ascoltare?
Sono brava/o a risolvere problemi?
Ad andare in bicicletta?

...

QUALITÀ PERSONALI

Sono amichevole? Divertente?
Simpatica/o? Intelligente?
Sportiva/o? Tranquilla/o?

...

COSE CHE "HO"

Una migliore amica?
Un bel sorriso, un animale
domestico? Un libro preferito?

...

Ora scrivi la tua pozione
ed ogni volta che ti sentirai inadeguata/o,
guarda questa pozione e ricorda a te stessa/o quanto vali!

SPUNTI FORMATIVI TED X

Alfabetizzazione emozionale - Marija Gostimir
TEDxSchio - https://youtu.be/F3o08t7YK9Q

Come potenziare l'intelligenza numerica - Daniela Lucangeli
TEDxCaFoscari - https://youtu.be/Il4zpiGLxq0

Il segreto per cambiare gli altri - Luca Mazzucchelli
TEDxBologna - https://youtu.be/jYMtNfVqhVU

Sviluppare una mentalità di crescita - Carol Dweck
https://youtu.be/hiiEeMN7vbQ

Cambiare i paradigmi dell'educazione
https://youtu.be/SVeNeN4MoNU

Il potere degli introversi - Susan Cain
https://youtu.be/FkitFVoxofw

La scuola è lo strumento più importante per cambiare il mondo - Eugenia Carfora
TEDxTreviso -https://youtu.be/504GxXDG5FI

Il coraggio di essere felici - Giovanna Celia
https://youtu.be/Q5BQTj4pzZo

Psicologia dell'insegnamento - Umberto Galimberti
https://youtu.be/fROOmPyW47w

VENERDÌ 1

TO DO

☐ . . . .
☐ . . . .
☐ . . . .
☐ . . . .
☐ . . . .
☐ . . . .

NOTE

☆ CONSIGLIO DI LETTURA: "La quinta essenza. Leggi, lasciati andare e accedi al tuo prossimo livello" di Paolo Borzacchiello

♡ *Only for me: organizzo una serata con un'amica*

SABATO 2

TO DO

☐ . . . .
☐ . . . .
☐ . . . .
☐ . . . .
☐ . . . . ♡ *Only for me: mi regalo un bel vestito*
☐ . . . .

DOMENICA 3

NOTE

. . . .
. . . .
. . . .

♡ *Only for me: mi offro una colazione al bar*

RECAP SETTIMANALE

LUNEDÌ

MARTEDÌ

MERCOLEDÌ

GIOVEDÌ

VENERDÌ

SABATO

DOMENICA

LUGLIO 2022

L	M	M	G	V	S	D
				1	2	3
4	5	6	7	8	9	10
11	12	13	14	15	16	17
18	19	20	21	22	23	24
25	26	27	28	29	30	31

"Mi è sempre piaciuto il domani,
comunque vada una giornata
c'è sempre un domani"
Charles M. Schulz

TO DO

☐ . . . .
☐ . . . .
☐ . . . .
☐ . . . .
☐ . . . .
☐ . . . .

NOTE

LUNEDÌ 4

TO DO

- ☐ . . . .
- ☐ . . . .
- ☐ . . . .
- ☐ . . . .
- ☐ . . . .
- ☐ . . . .

NOTE

♡ *Only for me: mi regalo 20 minuti di ozio*

MARTEDÌ 5

TO DO

- ☐ . . . .
- ☐ . . . .
- ☐ . . . .
- ☐ . . . .
- ☐ . . . .
- ☐ . . . .

NOTE

♡ *Only for me: faccio una passeggiata in mezzo alla natura*

MERCOLEDÌ 6 🔖 *Giornata Mondiale del Bacio*

TO DO

☐ . . . .
☐ . . . .
☐ . . . .
☐ . . . .
☐ . . . .
☐ . . . .

NOTE

♡ *Only for me: ascolto la mia canzone preferita a tutto volume*

GIOVEDÌ 7 🔖 *Giornata Mondiale del Cioccolato*

TO DO

☐ . . . .
☐ . . . .
☐ . . . .
☐ . . . .
☐ . . . .
☐ . . . .

NOTE

♡ *Only for me: decido di dedicare 20 minuti al giorno alla lettura*

LUGLIO 2022

VENERDÌ 8

TO DO

☐ . . . .
☐ . . . .
☐ . . . .
☐ . . . .
☐ . . . .
☐ . . . .

NOTE

♡ *Only for me: preparo il mio piatto preferito*

SABATO 9

TO DO

☐ . . . .
☐ . . . .
☐ . . . .
☐ . . . .
☐ . . . . ♡ *Only for me: organizzo un pizza party*
☐ . . . .

DOMENICA 10

NOTE

. . . .
. . . .
. . . .

♡ *Only for me: questa sera guardo le stelle*

RECAP SETTIMANALE

LUNEDÌ

MARTEDÌ

MERCOLEDÌ

GIOVEDÌ

VENERDÌ

SABATO

DOMENICA

LUGLIO 2022

L	M	M	G	V	S	D
				1	2	3
4	5	6	7	8	9	10
11	12	13	14	15	16	17
18	19	20	21	22	23	24
25	26	27	28	29	30	31

"La tendenza a giudicare gli altri è la più grande barriera alla comunicazione e alla comprensione"
Carl Rogers

TO DO

☐ . . . .
☐ . . . .
☐ . . . .
☐ . . . .
☐ . . . .
☐ . . . .

NOTE

LUNEDÌ 11

TO DO

☐ . . . .
☐ . . . .
☐ . . . .
☐ . . . .
☐ . . . .
☐ . . . .

NOTE

 Only for me: mi iscrivo ad un corso di crescita personale

MARTEDÌ 12

TO DO

☐ . . . .
☐ . . . .
☐ . . . .
☐ . . . .
☐ . . . .
☐ . . . .

NOTE

 Only for me: prenoto un massaggio

MERCOLEDÌ 13

TO DO

☐ . . . .

☐ . . . .

☐ . . . .

☐ . . . .

☐ . . . .

☐ . . . .

NOTE

♡ *Only for me: ballo la mia canzone preferita*

GIOVEDÌ 14

TO DO

☐ . . . .

☐ . . . .

☐ . . . .

☐ . . . .

☐ . . . .

☐ . . . .

NOTE

♡ *Only for me: dipingo un quadro*

VENERDÌ 15

TO DO

- ☐ ....
- ☐ ....
- ☐ ....
- ☐ ....
- ☐ ....
- ☐ ....

NOTE

☆ MOVIE TIME: L'attimo fuggente

♡ *Only for me: sperimento una lezione di yoga online*

SABATO 16

TO DO

- ☐ ....
- ☐ ....
- ☐ ....
- ☐ ....
- ☐ ....
- ☐ ....

♡ *Only for me: sperimento una meditazione guidata online*

DOMENICA 17 🔖 *Emoji Day*

NOTE

♡ *Only for me: riguardo il mio film preferito*

RECAP SETTIMANALE

LUNEDI'

MARTEDI'

MERCOLEDI'

GIOVEDI'

VENERDI'

SABATO

DOMENICA

LUGLIO 2022

L	M	M	G	V	S	D
				1	2	3
4	5	6	7	8	9	10
11	12	13	14	15	16	17
18	19	20	21	22	23	24
25	26	27	28	29	30	31

"A volte le parole non bastano.
E allora servono i colori. E le forme.
E le note. E le emozioni"
Alessandro Baricco

TO DO

☐ . . . .
☐ . . . .
☐ . . . .
☐ . . . .
☐ . . . .
☐ . . . .

NOTE

LUNEDÌ 18 🔖 *Nelson Mandela International Day*

TO DO

☐ . . . .
☐ . . . .
☐ . . . .
☐ . . . .
☐ . . . .
☐ . . . .

NOTE

♡ *Only for me: coloro il mandala "Brilla come il Sole"*

MARTEDÌ 19

TO DO

☐ . . . .
☐ . . . .
☐ . . . .
☐ . . . .
☐ . . . .
☐ . . . .

NOTE

♡ *Only for me: completo la "Pozione dell'autostima"*

LUGLIO 2022

MERCOLEDÌ 20

TO DO
- [ ]
- [ ]
- [ ]
- [ ]
- [ ]
- [ ]

NOTE

♡ *Only for me: sperimento la meditazione Metta*
(https://www.meditazionezen.it/meditazione-della-gentilezza-amorevole/)

GIOVEDÌ 21

TO DO
- [ ]
- [ ]
- [ ]
- [ ]
- [ ]
- [ ]

NOTE

♡ *Only for me: mi mangio un super mega gelato con panna montata*

VENERDÌ 22

TO DO

☐ . . . .
☐ . . . .
☐ . . . .
☐ . . . .
☐ . . . .
☐ . . . .

NOTE

♡ *Only for me: invito un'amica per un caffè*

SABATO 23 🔖 *Giornata Internazionale della Gioventù*

TO DO

☐ . . . .
☐ . . . .
☐ . . . .
☐ . . . .
☐ . . . . ♡ *Only for me: organizzo una serata in un ristorante elegante*
☐ . . . .

DOMENICA 24

NOTE

. . . .
. . . .
. . . .

♡ *Only for me: organizzo un pic nic*

RECAP SETTIMANALE

LUGLIO 2022

LUNEDÌ

MARTEDÌ

MERCOLEDÌ

GIOVEDÌ

VENERDÌ

SABATO

DOMENICA

L	M	M	G	V	S	D
				1	2	3
4	5	6	7	8	9	10
11	12	13	14	15	16	17
18	19	20	21	22	23	24
25	26	27	28	29	30	31

"Un insegnante ti prende per mano,
ti tocca la mente, ti apre il cuore"
Anonimo

TO DO

- ☐ ....
- ☐ ....
- ☐ ....
- ☐ ....
- ☐ ....
- ☐ ....

NOTE

LUGLIO 2022

LUNEDÌ 25

TO DO

- [ ] . . . .
- [ ] . . . .
- [ ] . . . .
- [ ] . . . .
- [ ] . . . .
- [ ] . . . .

NOTE

 Only for me: strappo la "to do list" ... questo lunedì è domenica!

MARTEDÌ 26

TO DO

- [ ] . . . .
- [ ] . . . .
- [ ] . . . .
- [ ] . . . .
- [ ] . . . .
- [ ] . . . .

NOTE

 Only for me: make up time! Oggi mi faccio bell*
con un make up tutto nuovo!

MERCOLEDÌ 27

TO DO

☐ . . . .
☐ . . . .
☐ . . . .
☐ . . . .
☐ . . . .
☐ . . . .

NOTE

♡ *Only for me: mi dedico 10 complimenti*

GIOVEDÌ 28

TO DO

☐ . . . .
☐ . . . .
☐ . . . .
☐ . . . .
☐ . . . .
☐ . . . .

NOTE

♡ *Only for me: pigiama party! Questa sera mi faccio una bella dormita!*

LUGLIO 2022

VENERDÌ 29

TO DO

☐ ....

☐ ....

☐ ....

☐ ....

☐ ....

☐ ....

NOTE

♡ *Only for me: mi prendo un giorno di pausa dai social!*

SABATO 30

TO DO

☐ ....

☐ ....

☐ ....

☐ ....

♡ *Only for me: manicure time. Oggi sfoggio uno smalto brillante, super colorato e pieno di grinta!*

☐ ....

☐ ....

DOMENICA 31

NOTE

....

....

....

♡ *Only for me: prometto che continuerò ad avere cura di me!*

BENVENUTO AGOSTO

OBIETTIVI DEL MESE

1 . . . .
. . . .
2 . . . .
. . . .
3 . . . .
. . . .

TO DO

☐ . . . .
☐
☐ . . . .
☐
☐ . . . .
☐

NOTE

Come diceva Voltaire, la decisione più coraggiosa che prendi ogni giorno è quella di essere di buon umore. Inizia ogni mese con un sorriso ed una bella risata, ti accorgerai quanto sia in grado di darti!

LOL!

Scoperto qualcosa di più veloce della luce... luglio per le maestre e i maestri!

LUNEDÌ	MARTEDÌ	MERCOLEDÌ	GIOVEDÌ	VENERDÌ	SABATO	DOMENICA
1	2	3	4	5	6	8
8	9	10	11	12	13	14
15	16	17	18	19	20	21
22	23	24	25	26	27	28
29	30	31	1	2	3	4

FERRAGOSTO CREATIVO

Una semplice attività per sviluppare il pensiero flessibile. Il pensiero flessibile è molto importante per vivere le sfide della quotidianità. Il pensiero flessibile è importante perchè permette di trasferire le competenze a differenti situazioni, generando nuovi possibilità e soluzioni. Perchè allora non iniziare a coltivarlo?

PENSA FUORI DAGLI SCHEMI

Completa la figura: non è una mela

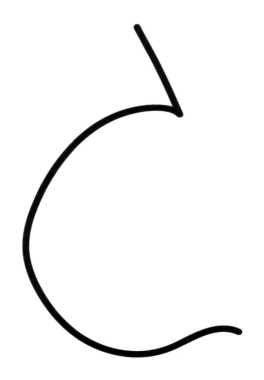

FERRAGOSTO CREATIVO

PENSA FUORI DAGLI SCHEMI

Completa la figura: non è un fiore

Questa attività è dedicata al piccolo Diego

RECAP SETTIMANALE

AGOSTO 2022

L	M	M	G	V	S	D
1	2	3	4	5	**6**	**7**
8	9	10	11	12	**13**	**14**
15	16	17	18	19	**20**	**21**
22	23	24	25	26	**27**	**28**
29	30	31				

LUNEDÌ

MARTEDÌ

MERCOLEDÌ

GIOVEDÌ

VENERDÌ

SABATO

DOMENICA

"L'insegnante mediocre parla.
Il buon insegnante spiega.
L'insegnante superiore dimostra.
Il grande insegnante ispira"
Socrate

TO DO

- ☐ ....
- ☐ ....
- ☐ ....
- ☐ ....
- ☐ ....
- ☐ ....

NOTE

AGOSTO 2022

LUNEDÌ 1

TO DO

☐ ....

☐ ....

☐ ....

☐ ....

☐ ....

☐ ....

NOTE

⭐ CONSIGLIO DI LETTURA: "Basta dirlo. Le parole da scegliere
e le parole da evitare per una vita felice" di Paolo Borzacchiello

MARTEDÌ 2

TO DO

☐ ....

☐ ....

☐ ....

☐ ....

☐ ....

☐ ....

NOTE

MERCOLEDÌ 3

TO DO

☐ . . . .
☐ . . . .
☐ . . . .
☐ . . . .
☐ . . . .
☐ . . . .

NOTE

GIOVEDÌ 4

TO DO

☐ . . . .
☐ . . . .
☐ . . . .
☐ . . . .
☐ . . . .
☐ . . . .

NOTE

VENERDÌ 5

TO DO

☐ . . . .
☐ . . . .
☐ . . . .
☐ . . . .
☐ . . . .
☐ . . . .

NOTE

SABATO 6

TO DO

☐ . . . .
☐ . . . .
☐ . . . .
☐ . . . .
☐ . . . .
☐ . . . .

DOMENICA 7

NOTE

. . . .
. . . .
. . . .

RECAP SETTIMANALE

LUNEDÌ

MARTEDÌ

MERCOLEDÌ

GIOVEDÌ

VENERDÌ

SABATO

DOMENICA

AGOSTO 2022

L	M	M	G	V	S	D
1	2	3	4	5	**6**	**7**
8	9	10	11	12	**13**	**14**
15	16	17	18	19	**20**	**21**
22	23	24	25	26	**27**	**28**
29	30	31				

"L'arte suprema dell'insegnante:
risvegliare la gioia della creatività
e della conoscenza"
Albert Einstein

TO DO

☐ . . . .
☐ . . . .
☐ . . . .
☐ . . . .
☐ . . . .
☐ . . . .

NOTE

AGOSTO 2022

LUNEDÌ 8

TO DO

- ☐ ....
- ☐ ....
- ☐ ....
- ☐ ....
- ☐ ....
- ☐ ....

NOTE

MARTEDÌ 9

TO DO

- ☐ ....
- ☐ ....
- ☐ ....
- ☐ ....
- ☐ ....
- ☐ ....

NOTE

MERCOLEDÌ 10

 *San Lorenzo*
Notte delle Stelle Cadenti

TO DO

☐ . . . .
☐ . . . .
☐ . . . .
☐ . . . .
☐ . . . .
☐ . . . .

NOTE

GIOVEDÌ 11

TO DO

☐ . . . .
☐ . . . .
☐ . . . .
☐ . . . .
☐ . . . .
☐ . . . .

NOTE

AGOSTO 2022

VENERDÌ 12
Giornata Mondiale contro la Crudeltà verso gli Animali

TO DO

- [ ] ....
- [ ] ....
- [ ] ....
- [ ] ....
- [ ] ....
- [ ] ....

NOTE

SABATO 13
Giornata Mondiale dei Mancini

TO DO

- [ ] ....
- [ ] ....
- [ ] ....
- [ ] ....
- [ ] ....
- [ ] ....

DOMENICA 14

NOTE

RECAP SETTIMANALE

AGOSTO 2022

LUNEDÌ

_____

MARTEDÌ

_____

MERCOLEDÌ

_____

GIOVEDÌ

_____

VENERDÌ

_____

SABATO

_____

DOMENICA

L	M	M	G	V	S	D
1	2	3	4	5	6	7
8	9	10	11	12	13	14
15	16	17	18	19	20	21
22	23	24	25	26	27	28
29	30	31				

"Sogna la tua vita a colori.
È il segreto della felicità"
Walt Disney

TO DO

☐ . . . .
☐ . . . .
☐ . . . .
☐ . . . .
☐ . . . .
☐ . . . .

NOTE

LUNEDÌ 15 🔖 *Ferragosto*

TO DO

☐ . . . .
☐ . . . .
☐ . . . .
☐ . . . .
☐ . . . .
☐ . . . .

NOTE

☆ MOVIE TIME: Stelle sulla terra

MARTEDÌ 16

TO DO

☐ . . . .
☐ . . . .
☐ . . . .
☐ . . . .
☐ . . . .
☐ . . . .

NOTE

MERCOLEDÌ 17

TO DO

- [ ] ....
- [ ] ....
- [ ] ....
- [ ] ....
- [ ] ....
- [ ] ....

NOTE

GIOVEDÌ 18

TO DO

- [ ] ....
- [ ] ....
- [ ] ....
- [ ] ....
- [ ] ....
- [ ] ....

NOTE

AGOSTO 2022

VENERDÌ 19

TO DO

☐ . . . .
☐ . . . .
☐ . . . .
☐ . . . .
☐ . . . .
☐ . . . .

NOTE

SABATO 20

TO DO

☐ . . . .
☐ . . . .
☐ . . . .
☐ . . . .
☐ . . . .
☐ . . . .

DOMENICA 21

NOTE

RECAP SETTIMANALE

AGOSTO 2022

LUNEDÌ

MARTEDÌ

MERCOLEDÌ

GIOVEDÌ

VENERDÌ

SABATO

DOMENICA

L	M	M	G	V	S	D
1	2	3	4	5	**6**	**7**
8	9	10	11	12	**13**	**14**
15	16	17	18	19	**20**	**21**
22	23	24	25	26	**27**	**28**
29	30	31				

"Le persone più felici non sono necessariamente coloro che hanno il meglio di tutto, ma coloro che traggono il meglio da ciò che hanno"
Khalil Gibran

TO DO

☐ . . . .
☐ . . . .
☐ . . . .
☐ . . . .
☐ . . . .
☐ . . . .

NOTE

LUNEDÌ 22

TO DO

☐ ....

☐ ....

☐ ....

☐ ....

☐ ....

☐ ....

NOTE

MARTEDÌ 23

TO DO

☐ ....

☐ ....

☐ ....

☐ ....

☐ ....

☐ ....

NOTE

MERCOLEDÌ 24

TO DO

☐ . . . .
☐ . . . .
☐ . . . .
☐ . . . .
☐ . . . .
☐ . . . .

NOTE

GIOVEDÌ 25

TO DO

☐ . . . .
☐ . . . .
☐ . . . .
☐ . . . .
☐ . . . .
☐ . . . .

NOTE

VENERDÌ 26 🔖 *Giornata Mondiale del Cane*

TO DO
- ☐ . . . .
- ☐ . . . .
- ☐ . . . .
- ☐ . . . .
- ☐ . . . .
- ☐ . . . .

NOTE

SABATO 27

TO DO
- ☐ . . . .
- ☐ . . . .
- ☐ . . . .
- ☐ . . . .
- ☐ . . . .

DOMENICA 28

- ☐ . . . .

NOTE

RECAP SETTIMANALE

LUNEDÌ

MARTEDÌ

MERCOLEDÌ

GIOVEDÌ

VENERDÌ

SABATO

DOMENICA

AGOSTO 2022

L	M	M	G	V	S	D
1	2	3	4	5	**6**	**7**
8	9	10	11	12	**13**	**14**
15	16	17	18	19	**20**	**21**
22	23	24	25	26	**27**	**28**
29	30	31				

"La bontà è un cammino estremamente severo e, nella sua severità, conosce l'urgenza della discrezione. E della forza. Perchè la bontà, come l'amore, richiede forza, la grande e immensa forza dello Spirito"

Susanna Tamaro

TO DO

☐ . . . .
☐ . . . .
☐ . . . .
☐ . . . .
☐ . . . .
☐ . . . .

NOTE

LUNEDÌ 29

TO DO

☐ ....

☐ ....

☐ ....

☐ ....

☐ ....

☐ ....

NOTE

MARTEDÌ 30

TO DO

☐ ....

☐ ....

☐ ....

☐ ....

☐ ....

☐ ....

NOTE

MERCOLEDÌ 31

Giornata Internazionale
della Solidarietà

TO DO

- ☐
- ☐
- ☐
- ☐
- ☐
- ☐

NOTE

GIOVEDÌ 1

TO DO

- ☐
- ☐
- ☐
- ☐
- ☐
- ☐

NOTE

CONSIGLIO DI LETTURA: "Relax Lab: 16 lezioni e 35 esercizi per
ritrovare il benessere psico-fisico" di Roberto Ausilio

SETTEMBRE 2022

VENERDÌ 2

TO DO
- [ ]
- [ ]
- [ ]
- [ ]
- [ ]
- [ ]

NOTE

SABATO 3

TO DO
- [ ]
- [ ]
- [ ]
- [ ]
- [ ]
- [ ]

DOMENICA 4

NOTE

BENVENUTO SETTEMBRE

OBIETTIVI DEL MESE

1 . . . .
. . . .

2 . . . .
. . . .

3 . . . .
. . . .

TO DO

☐ . . . .
☐ . . . .
☐ . . . .
☐ . . . .
☐ . . . .
☐ . . . .

NOTE

LOL!

Buon rientro in servizio, ma soprattutto buona fortuna nel ricordare tutte le password dello scorso anno!

LUNEDÌ	MARTEDÌ	MERCOLEDÌ	GIOVEDÌ	VENERDÌ	SABATO	DOMENICA
29	30	31	1	2	3	4
5	6	7	8	9	10	11
12	13	14	15	16	17	18
19	20	21	22	23	24	25
26	27	28	29	30	1	2

TEACHING WITH LOVE DAY

Nasce il "Teaching with Love Day" una giornata speciale per celebrare tutti gli insegnanti e le insegnanti che, come te, insegnano con amore e fanno la differenza.

Il 18 settembre celebra il "Teaching with love Day" condividendo sui social questo post.

Fai uno screenshot e condividi con
#TEACHINGWITHLOVEDAY

18 SETTEMBRE

happy
TEACHING WITH LOVE
day

MAESTRA IN BLUE JEANS

ORIGAMI DI BACK TO SCHOOL

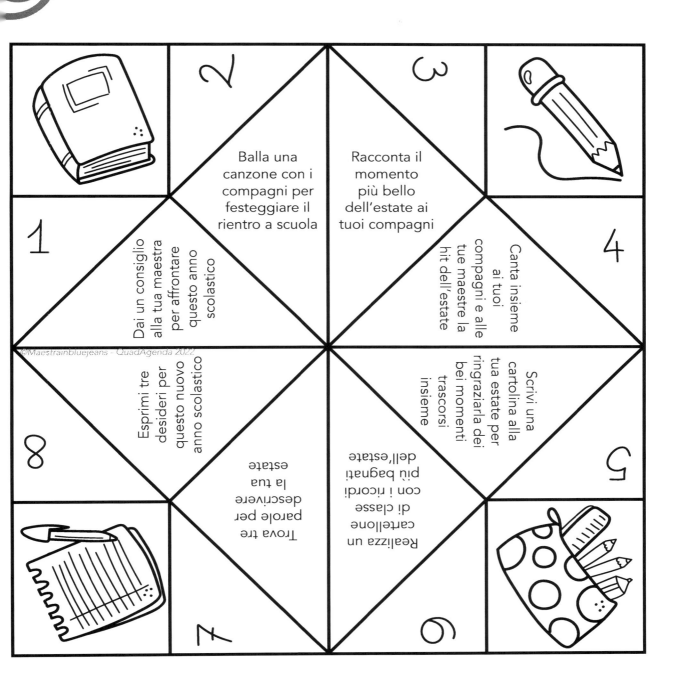

2

3

Balla una canzone con i compagni per festeggiare il rientro a scuola

Racconta il momento più bello dell'estate ai tuoi compagni

1

Dai un consiglio alla tua maestra per affrontare questo anno scolastico

Canta insieme ai tuoi compagni e alle tue maestre la hit dell'estate

4

©Maestrainbluejeans - QuadAgenda 2022

Esprimi tre desideri per questo nuovo anno scolastico

Scrivi una cartolina alla tua estate per ringraziarla dei bei momenti trascorsi insieme

8

Trova tre parole per descrivere la tua estate

Realizza un cartellone di classe con i ricordi più bagnati dell'estate

5

7

6

Finalmente siete tornati,
ci siete tanto tanto mancati!
La lavagna tutta nera
vi ha aspettato
mattina e sera,
non sapeva che d'estate
in vacanza eravate!
Ora è contenta siate qua
una nuova avventura
comincia già!

RECAP SETTIMANALE

SETTEMBRE 2022

LUNEDÌ

MARTEDÌ

MERCOLEDÌ

GIOVEDÌ

VENERDÌ

SABATO

DOMENICA

L	M	M	G	V	S	D
			1	2	3	4
5	6	7	8	9	10	11
12	13	14	15	16	17	18
19	20	21	22	23	24	25
26	27	28	29	30		

"Se c'è qualcosa che desideriamo
cambiare nel bambino, dovremmo
prima esaminarlo bene e vedere se non
è qualcosa che faremmo meglio
a cambiare in noi stessi"
Carl Gustav Jung

TO DO

☐ . . . .
☐ . . . .
☐ . . . .
☐ . . . .
☐ . . . .
☐ . . . .

NOTE

LUNEDÌ 5

TO DO

☐ ....
☐ ....
☐ ....
☐ ....
☐ ....
☐ ....

NOTE

MARTEDÌ 6

TO DO

☐ ....
☐ ....
☐ ....
☐ ....
☐ ....
☐ ....

NOTE

MERCOLEDÌ 7

TO DO

- [ ] ....
- [ ] ....
- [ ] ....
- [ ] ....
- [ ] ....
- [ ] ....

NOTE

GIOVEDÌ 8

TO DO

- [ ] ....
- [ ] ....
- [ ] ....
- [ ] ....
- [ ] ....
- [ ] ....

NOTE

SETTEMBRE 2022

VENERDI' 9

- [ ] ....
- [ ] ....
- [ ] ....
- [ ] ....
- [ ] ....
- [ ] ....

NOTE

SABATO 10

- [ ] ....
- [ ] ....
- [ ] ....
- [ ] ....
- [ ] ....
- [ ] ....

DOMENICA 11

NOTE

RECAP SETTIMANALE

SETTEMBRE 2022

LUNEDÌ
_____

MARTEDÌ
_____

MERCOLEDÌ
_____

GIOVEDÌ
_____

VENERDÌ
_____

SABATO
_____

DOMENICA

L	M	M	G	V	S	D
			1	2	3	4
5	6	7	8	9	10	11
12	13	14	15	16	17	18
19	20	21	22	23	24	25
26	27	28	29	30		

"Il bambino non è un vaso da
riempire, ma un fuoco
da accendere"
Plutarco

TO DO

☐ . . . .
☐ . . . .
☐ . . . .
☐ . . . .
☐ . . . .
☐ . . . .

NOTE

LUNEDÌ 12

TO DO

☐ . . . .
☐ . . . .
☐ . . . .
☐ . . . .
☐ . . . .
☐ . . . .

NOTE

MARTEDÌ 13

TO DO

☐ . . . .
☐ . . . .
☐ . . . .
☐ . . . .
☐ . . . .
☐ . . . .

NOTE

MERCOLEDI' 14

TO DO

☐ . . . .
☐ . . . .
☐ . . . .
☐ . . . .
☐ . . . .
☐ . . . .

NOTE

GIOVEDI' 15

TO DO

☐ . . . .
☐ . . . .
☐ . . . .
☐ . . . .
☐ . . . .
☐ . . . .

NOTE

☆ MOVIE TIME: Will Hunting – Genio ribelle

VENERDÌ 16

TO DO
- ☐ ....
- ☐ ....
- ☐ ....
- ☐ ....
- ☐ ....
- ☐ ....

NOTE

SABATO 17

TO DO
- ☐ ....
- ☐ ....
- ☐ ....
- ☐ ....
- ☐ ....
- ☐ ....

DOMENICA 18 *Teaching with love day*

NOTE

RECAP SETTIMANALE

LUNEDÌ

MARTEDÌ

MERCOLEDÌ

GIOVEDÌ

VENERDÌ

SABATO

DOMENICA

SETTEMBRE 2022

L	M	M	G	V	S	D
			1	2	3	4
5	6	7	8	9	10	11
12	13	14	15	16	17	18
19	20	21	22	23	24	25
26	27	28	29	30		

"Segui sempre le 3 "R": Rispetto per te stesso, Rispetto per gli altri, Responsabilità per le tue azioni"
Dalai Lama

TO DO

- ☐ . . . .
- ☐ . . . .
- ☐ . . . .
- ☐ . . . .
- ☐ . . . .
- ☐ . . . .

NOTE

LUNEDÌ 19

TO DO

☐ . . . .
☐ . . . .
☐ . . . .
☐ . . . .
☐ . . . .
☐ . . . .

NOTE

MARTEDÌ 20

TO DO

☐ . . . .
☐ . . . .
☐ . . . .
☐ . . . .
☐ . . . .
☐ . . . .

NOTE

MERCOLEDÌ 21  *Giornata internazionale della pace*

TO DO

☐ . . . .
☐ . . . .
☐ . . . .
☐ . . . .
☐ . . . .
☐ . . . .

NOTE

GIOVEDÌ 22

TO DO

☐ . . . .
☐ . . . .
☐ . . . .
☐ . . . .
☐ . . . .
☐ . . . .

NOTE

VENERDÌ 23 🔖 *Primo giorno d'autunno*

TO DO

☐ . . . .
☐ . . . .
☐ . . . .
☐ . . . .
☐ . . . .
☐ . . . .

NOTE

SABATO 24

TO DO

☐ . . . .
☐ . . . .
☐ . . . .
☐ . . . .
☐ . . . .

DOMENICA 25

☐ . . . .

NOTE

RECAP SETTIMANALE

LUNEDÌ

MARTEDÌ

MERCOLEDÌ

GIOVEDÌ

VENERDÌ

SABATO

DOMENICA

SETTEMBRE 2022

L	M	M	G	V	S	D
			1	2	3	4
5	6	7	8	9	10	11
12	13	14	15	16	17	18
19	20	21	22	23	24	25
26	27	28	29	30		

"Il futuro appartiene a coloro
che credono nella bellezza
dei propri sogni"
Eleanor Roosevelt

TO DO

☐ . . . .
☐ . . . .
☐ . . . .
☐ . . . .
☐ . . . .
☐ . . . .

NOTE

LUNEDÌ 26

TO DO

- ☐ ....
- ☐ ....
- ☐ ....
- ☐ ....
- ☐ ....
- ☐ ....

NOTE

MARTEDÌ 27

TO DO

- ☐ ....
- ☐ ....
- ☐ ....
- ☐ ....
- ☐ ....
- ☐ ....

NOTE

MERCOLEDÌ 28

TO DO

☐ . . . .
☐ . . . .
☐ . . . .
☐ . . . .
☐ . . . .
☐ . . . .

NOTE

GIOVEDÌ 29 ⚑ *Giornata Mondiale del Cuore*

TO DO

☐ . . . .
☐ . . . .
☐ . . . .
☐ . . . .
☐ . . . .
☐ . . . .

NOTE

VENERDÌ 30

TO DO

- ☐ ....
- ☐ ....
- ☐ ....
- ☐ ....
- ☐ ....
- ☐ ....

NOTE

SABATO 1

TO DO

- ☐ ....
- ☐ ....
- ☐ ....
- ☐ ....
- ☐ ....
- ☐ ....

NOTE

☆ CONSIGLIO DI LETTURA: "Il libro delle emozioni "di Umberto Galimberti

DOMENICA 2 🚩 *Festa dei Nonni*

BENVENUTO OTTOBRE

OBIETTIVI DEL MESE

1 . . . .
. . . .

2 . . . .
. . . .

3 . . . .
. . . .

TO DO

- ☐ . . . .
- ☐ . . . .
- ☐ . . . .
- ☐ . . . .
- ☐ . . . .
- ☐ . . . .

NOTE

LOL!

Ordine del giorno ... calcolare
quanti giorni mancano a Natale!

LUNEDÌ	MARTEDÌ	MERCOLEDÌ	GIOVEDÌ	VENERDÌ	SABATO	DOMENICA
26	27	28	29	30	1	2
3	4	5	6	7	8	9
10	11	12	13	14	15	16
17	18	19	20	21	22	23
24	25	26	27	28	29	30
31	1	2	3	4	5	6

I NONNI RACCONTANO

Chiedi ai tuoi nonni di incollare qui alcune foto
di momenti importanti della loro vita e divertiti
ad ascoltare i loro ricordi.

HALLOWEEN - GHIRLANDA 3D

colla

		colla
		colla
		colla
		colla
		colla
		colla
		colla
		colla
		colla
		colla
		colla
		colla
		colla
		colla
		colla

Incolla al centro

RECAP SETTIMANALE

OTTOBRE 2022

LUNEDÌ

MARTEDÌ

MERCOLEDÌ

GIOVEDÌ

VENERDÌ

SABATO

DOMENICA

L	M	M	G	V	S	D
					1	2
3	4	5	6	7	8	9
10	11	12	13	14	15	16
17	18	19	20	21	22	23
24	25	26	27	28	29	30
31						

"Cominciate col fare ciò che è necessario,
poi ciò che è possibile. E all'improvviso
vi sorprenderete a fare l'impossibile"
San Francesco D'Assisi

TO DO

☐ . . . .
☐ . . . .
☐ . . . .
☐ . . . .
☐ . . . .
☐ . . . .

NOTE

LUNEDÌ 3

TO DO

☐ . . . .
☐ . . . .
☐ . . . .
☐ . . . .
☐ . . . .
☐ . . . .

NOTE

MARTEDÌ 4

TO DO

☐ . . . .
☐ . . . .
☐ . . . .
☐ . . . .
☐ . . . .
☐ . . . .

NOTE

MERCOLEDÌ 5

TO DO

- [ ] ....
- [ ] ....
- [ ] ....
- [ ] ....
- [ ] ....
- [ ] ....

NOTE

GIOVEDÌ 6

TO DO

- [ ] ....
- [ ] ....
- [ ] ....
- [ ] ....
- [ ] ....
- [ ] ....

NOTE

VENERDÌ 7

TO DO

- [ ] ....
- [ ] ....
- [ ] ....
- [ ] ....
- [ ] ....
- [ ] ....

NOTE

SABATO 8

TO DO

- [ ] ....
- [ ] ....
- [ ] ....
- [ ] ....
- [ ] ....
- [ ] ....

DOMENICA 9

NOTE

RECAP SETTIMANALE

OTTOBRE 2022

LUNEDÌ

MARTEDÌ

MERCOLEDÌ

GIOVEDÌ

VENERDÌ

SABATO

DOMENICA

L	M	M	G	V	S	D
					1	2
3	4	5	6	7	8	9
10	11	12	13	14	15	16
17	18	19	20	21	22	23
24	25	26	27	28	29	30
31						

"Essere pieni di vita significa
respirare profondamente, muoversi
liberamente e sentire con intensità"
Alexander Lowen

TO DO

☐ . . . .
☐ . . . .
☐ . . . .
☐ . . . .
☐ . . . .
☐ . . . .

NOTE

LUNEDÌ 10

TO DO

☐ . . . .
☐ . . . .
☐ . . . .
☐ . . . .
☐ . . . .
☐ . . . .

NOTE

MARTEDÌ 11

TO DO

☐ . . . .
☐ . . . .
☐ . . . .
☐ . . . .
☐ . . . .
☐ . . . .

NOTE

MERCOLEDÌ 12

TO DO

☐ . . . .
☐ . . . .
☐ . . . .
☐ . . . .
☐ . . . .
☐ . . . .

NOTE

GIOVEDÌ 13

TO DO

☐ . . . .
☐ . . . .
☐ . . . .
☐ . . . .
☐ . . . .
☐ . . . .

NOTE

OTTOBRE 2022

VENERDÌ 14

TO DO

☐ ....

☐ ....

☐ ....

☐ ....

☐ ....

☐ ....

NOTE

SABATO 15

TO DO

☐ ....

☐ ....

☐ ....

☐ ....

☐ ....

☐ ....

☆ MOVIE TIME: La classe

DOMENICA 16

NOTE

RECAP SETTIMANALE

LUNEDÌ

MARTEDÌ

MERCOLEDÌ

GIOVEDÌ

VENERDÌ

SABATO

DOMENICA

OTTOBRE 2022

L	M	M	G	V	S	D
					1	2
3	4	5	6	7	8	9
10	11	12	13	14	15	16
17	18	19	20	21	22	23
24	25	26	27	28	29	30
31						

"La felicità non dipende tanto dal piacere, dall'amore, dalla considerazione o dall'ammirazione altrui, quanto dalla piena accettazione di sé"
Umberto Galimberti

TO DO

☐ . . . .
☐ . . . .
☐ . . . .
☐ . . . .
☐ . . . .
☐ . . . .

NOTE

LUNEDÌ 17

TO DO

☐ . . . .

☐ . . . .

☐ . . . .

☐ . . . .

☐ . . . .

☐ . . . .

NOTE

MARTEDÌ 18

TO DO

☐ . . . .

☐ . . . .

☐ . . . .

☐ . . . .

☐ . . . .

☐ . . . .

NOTE

OTTOBRE 2022

MERCOLEDÌ 19

TO DO

☐ . . . .
☐ . . . .
☐ . . . .
☐ . . . .
☐ . . . .
☐ . . . .

NOTE

GIOVEDÌ 20

TO DO

☐ . . . .
☐ . . . .
☐ . . . .
☐ . . . .
☐ . . . .
☐ . . . .

NOTE

VENERDÌ 21

TO DO

- [ ] ....
- [ ] ....
- [ ] ....
- [ ] ....
- [ ] ....
- [ ] ....

NOTE

SABATO 22

TO DO

- [ ] ....
- [ ] ....
- [ ] ....
- [ ] ....
- [ ] ....
- [ ] ....

DOMENICA 23

NOTE

RECAP SETTIMANALE

OTTOBRE 2022

LUNEDÌ

MARTEDÌ

MERCOLEDÌ

GIOVEDÌ

VENERDÌ

SABATO

DOMENICA

L	M	M	G	V	**S**	**D**
					1	**2**
3	4	5	6	7	**8**	**9**
10	11	12	13	14	**15**	**16**
17	18	19	20	21	**22**	**23**
24	25	26	27	28	**29**	**30**
31						

"Se non siete disposti a commettere errori, non farete mai nulla di originale"
Ken Robinson

TO DO

- [ ] . . . .
- [ ] . . . .
- [ ] . . . .
- [ ] . . . .
- [ ] . . . .
- [ ] . . . .

NOTE

LUNEDÌ 24

TO DO

☐ . . . .
☐ . . . .
☐ . . . .
☐ . . . .
☐ . . . .
☐ . . . .

NOTE

MARTEDÌ 25

TO DO

☐ . . . .
☐ . . . .
☐ . . . .
☐ . . . .
☐ . . . .
☐ . . . .

NOTE

MERCOLEDI' 26

TO DO

- [ ]
- [ ]
- [ ]
- [ ]
- [ ]
- [ ]

NOTE

GIOVEDI' 27

TO DO

- [ ]
- [ ]
- [ ]
- [ ]
- [ ]
- [ ]

NOTE

VENERDÌ 28

TO DO

- [ ] ....
- [ ] ....
- [ ] ....
- [ ] ....
- [ ] ....
- [ ] ....

NOTE

SABATO 29

TO DO

- [ ] ....
- [ ] ....
- [ ] ....
- [ ] ....
- [ ] ....
- [ ] ....

DOMENICA 30

NOTE

RECAP SETTIMANALE

OTTOBRE 2022

L	M	M	G	V	S	D
					1	2
3	4	5	6	7	8	9
10	11	12	13	14	15	16
17	18	19	20	21	22	23
24	25	26	27	28	29	30
31						

"Nella comunicazione la cosa
più importante è ascoltare ciò
che non viene detto"
Peter Drucker

TO DO

☐ . . . .
☐ . . . .
☐ . . . .
☐ . . . .
☐ . . . .
☐ . . . .

NOTE

LUNEDÌ

MARTEDÌ

MERCOLEDÌ

GIOVEDÌ

VENERDÌ

SABATO

DOMENICA

LUNEDÌ 31 *Halloween*

TO DO

- ☐ ....
- ☐ ....
- ☐ ....
- ☐ ....
- ☐ ....
- ☐ ....

NOTE

MARTEDÌ 1 *Festa di Ognissanti*

TO DO

- ☐ ....
- ☐ ....
- ☐ ....
- ☐ ....
- ☐ ....
- ☐ ....

NOTE

 CONSIGLIO DI LETTURA: "Cambiare la scuola si può.
Un nuovo metodo per insegnanti e genitori, per un'educazione
finalmente efficace" di Daniele Novara

BENVENUTO NOVEMBRE

OBIETTIVI DEL MESE

1 . . . .
. . . .
2 . . . .
. . . .
3 . . . .
. . . .

TO DO

☐ . . . .
☐ . . . .
☐ . . . .
☐ . . . .
☐ . . . .
☐ . . . .

NOTE

LOL!

Sei un insegnante se ripeti ogni giorno:
"Chi dice io, io, ioooo
non verrà chiamato"

LUNEDÌ	MARTEDÌ	MERCOLEDÌ	GIOVEDÌ	VENERDÌ	SABATO	DOMENICA
31	1	2	3	4	5	6
7	8	9	10	11	12	13
14	15	16	17	18	19	20
21	22	23	24	25	26	27
28	29	30	1	2	3	4

LA BANDIERA DEI MIEI DIRITTI

Giornata dei diritti dell'infanzia e dell'adolescenza

Leggi e rifletti: poi colora, incolla su un cartoncino, taglia
ed infine attacca la bandiera ad un bastoncino.
Appendi la bandiera all'ingresso della tua scuola.

I MIEI DIRITTI

DIRITTO A NON LAVORARE

DIRITTO DI ESPRIMERE LA PROPRIA OPINIONE

DIRITTO AD AVERE UNA FAMIGLIA

DIRITTO ALL'EDUCAZIONE

DIRITTO ALL'UGUAGLIANZA

DIRITTO DI NAZIONALITÀ

DIRITTO ALLA SALUTE

DIRITTO AD AVERE UNA CASA

DIRITTO AL CIBO

DIRITTO A GIOCARE

GIORNATA DELLA GENTILEZZA

Impegnati, almeno per una settimana,
a donare atti di gentilezza a "casaccio".
Colora tutti gli atti gentili che farai e riconsegna
alla tua maestra dopo una settimana.

Apri la porta a qualcuno	Chiedi: "Cosa posso fare per aiutarti?"	Fai una nuova amicizia	Fai ridere qualcuno
Fai stare qualcuno davanti a te nella fila	Fai un complimento	Scrivi un bel pensiero alla tua maestra	Gioca con qualche nuovo amico/a
Riordina la tua stanza, senza che ti sia chiesto di farlo	Sorridi a qualcuno che non conosci	Ringrazia il personale scolastico	Ringrazia un familiare
Condividi i tuoi pennarelli	Condividi un tuo gioco	Esprimi la tua gratitudine a un amico/a	*Scegli tu un altro gesto gentile:*

MERCOLEDÌ 2

TO DO

☐ . . . .
☐ . . . .
☐ . . . .
☐ . . . .
☐ . . . .
☐ . . . .

NOTE

GIOVEDÌ 3

TO DO

☐ . . . .
☐ . . . .
☐ . . . .
☐ . . . .
☐ . . . .
☐ . . . .

NOTE

VENERDÌ 4 🔖 *Milite Ignoto*

TO DO
- ☐ . . . .
- ☐ . . . .
- ☐ . . . .
- ☐ . . . .
- ☐ . . . .
- ☐ . . . .

NOTE

SABATO 5

TO DO
- ☐ . . . .
- ☐ . . . .
- ☐ . . . .
- ☐ . . . .
- ☐ . . . .

DOMENICA 6

- ☐ . . . .

NOTE

RECAP SETTIMANALE

NOVEMBRE 2022

LUNEDÌ

MARTEDÌ

MERCOLEDÌ

GIOVEDÌ

VENERDÌ

SABATO

DOMENICA

L	M	M	G	V	S	D
	1	2	3	4	5	6
7	8	9	10	11	12	13
14	15	16	17	18	19	20
21	22	23	24	25	26	27
28	29	30				

"Due cose ci salvano nella vita:
amare e ridere. Se ne avete
una va bene. Se le avete tutte
e due siete invincibili"
Tarun Tejpal

TO DO

☐ . . . .
☐ . . . .
☐ . . . .
☐ . . . .
☐ . . . .
☐ . . . .

NOTE

LUNEDÌ 7

TO DO

☐ . . . .
☐ . . . .
☐ . . . .
☐ . . . .
☐ . . . .
☐ . . . .

NOTE

MARTEDÌ 8

TO DO

☐ . . . .
☐ . . . .
☐ . . . .
☐ . . . .
☐ . . . .
☐ . . . .

NOTE

MERCOLEDÌ 9

TO DO

☐ . . . .
☐ . . . .
☐ . . . .
☐ . . . .
☐ . . . .
☐ . . . .

NOTE

GIOVEDÌ 10

TO DO

☐ . . . .
☐ . . . .
☐ . . . .
☐ . . . .
☐ . . . .
☐ . . . .

NOTE

VENERDÌ 11 *Equal day e San Martino*

TO DO
- ☐ . . . .
- ☐ . . . .
- ☐ . . . .
- ☐ . . . .
- ☐ . . . .
- ☐ . . . .

NOTE

SABATO 12

TO DO
- ☐ . . . .
- ☐ . . . .
- ☐ . . . .
- ☐ . . . .
- ☐ . . . .
- ☐ . . . .

DOMENICA 13 *Giornata della Gentilezza*

NOTE

RECAP SETTIMANALE

NOVEMBRE 2022

L	M	M	G	V	S	D
	1	2	3	4	5	6
7	8	9	10	11	12	13
14	15	16	17	18	19	20
21	22	23	24	25	26	27
28	29	30				

LUNEDÌ

MARTEDÌ

MERCOLEDÌ

"Non lasciarti trascinare dalle paure nella tua mente. Lasciati guidare dai sogni nel tuo cuore"
Roy T. Bennett

TO DO

GIOVEDÌ

- [ ] . . . .
- [ ] . . . .
- [ ] . . . .
- [ ] . . . .
- [ ] . . . .
- [ ] . . . .

VENERDÌ

NOTE

SABATO

DOMENICA

LUNEDÌ 14

TO DO

☐ ....
☐ ....
☐ ....
☐ ....
☐ ....
☐ ....

NOTE

MARTEDÌ 15

TO DO

☐ ....
☐ ....
☐ ....
☐ ....
☐ ....
☐ ....

NOTE

 MOVIE TIME: Billy Elliot

MERCOLEDÌ 16

TO DO

☐ . . . .
☐ . . . .
☐ . . . .
☐ . . . .
☐ . . . .
☐ . . . .

NOTE

GIOVEDÌ 17 *Giornata Mondiale della Filosofia*

TO DO

☐ . . . .
☐ . . . .
☐ . . . .
☐ . . . .
☐ . . . .
☐ . . . .

NOTE

VENERDÌ 18

TO DO

☐ . . . .
☐ . . . .
☐ . . . .
☐ . . . .
☐ . . . .
☐ . . . .

NOTE

SABATO 19

TO DO

☐ . . . .
☐ . . . .
☐ . . . .
☐ . . . .
☐ . . . .

DOMENICA 20 ▮ *Giornata dei Diritti dei bambini e degli adolescenti*

☐ . . . .

NOTE

. . . .
. . . .
. . . .

RECAP SETTIMANALE

LUNEDÌ

MARTEDÌ

MERCOLEDÌ

GIOVEDÌ

VENERDÌ

SABATO

DOMENICA

NOVEMBRE 2022

L	M	M	G	V	S	D
	1	2	3	4	5	6
7	8	9	10	11	12	13
14	15	16	17	18	19	20
21	22	23	24	25	26	27
28	29	30				

"Coltivate sempre pensieri positivi,
l'entusiasmo non può fiorire in un
terreno pieno di paura"
Napoleon Hill

TO DO

☐ . . . .
☐ . . . .
☐ . . . .
☐ . . . .
☐ . . . .
☐ . . . .

NOTE

LUNEDÌ 21 🔖 *Giornata dell'albero*

TO DO
- ☐ ....
- ☐ ....
- ☐ ....
- ☐ ....
- ☐ ....
- ☐ ....

NOTE

MARTEDÌ 22

TO DO
- ☐ ....
- ☐ ....
- ☐ ....
- ☐ ....
- ☐ ....
- ☐ ....

NOTE

MERCOLEDÌ 23 🔖 *Fibonacci day*

TO DO

☐ . . . .

☐ . . . .

☐ . . . .

☐ . . . .

☐ . . . .

☐ . . . .

NOTE

GIOVEDÌ 24

TO DO

☐ . . . .

☐ . . . .

☐ . . . .

☐ . . . .

☐ . . . .

☐ . . . .

NOTE

VENERDÌ 25 — *Giornata contro la violenza sulle donne*

TO DO

☐ . . . .

☐ . . . .

☐ . . . .

☐ . . . .

☐ . . . .

☐ . . . .

NOTE

SABATO 26

TO DO

☐ . . . .

☐ . . . .

☐ . . . .

☐ . . . .

☐ . . . .

DOMENICA 27

☐ . . . .

NOTE

RECAP SETTIMANALE

NOVEMBRE 2022

L	M	M	G	V	S	D
	1	2	3	4	5	6
7	8	9	10	11	12	13
14	15	16	17	18	19	20
21	22	23	24	25	26	27
28	29	30				

LUNEDÌ

MARTEDÌ

MERCOLEDÌ

GIOVEDÌ

VENERDÌ

SABATO

DOMENICA

"Un atteggiamento davvero positivo può fare miracoli e aggiungere anni alla tua vita, ali ai tuoi passi, luce nei tuoi occhi"
Fabrizio Caramagna

TO DO

☐ . . . .
☐ . . . .
☐ . . . .
☐ . . . .
☐ . . . .
☐ . . . .

NOTE

LUNEDÌ 28

TO DO

- [ ] ....
- [ ] ....
- [ ] ....
- [ ] ....
- [ ] ....
- [ ] ....

NOTE

MARTEDÌ 29

TO DO

- [ ] ....
- [ ] ....
- [ ] ....
- [ ] ....
- [ ] ....
- [ ] ....

NOTE

MERCOLEDÌ 30

TO DO

☐ . . . .
☐ . . . .
☐ . . . .
☐ . . . .
☐ . . . .
☐ . . . .

NOTE

GIOVEDÌ 1

TO DO

☐ . . . .
☐ . . . .
☐ . . . .
☐ . . . .
☐ . . . .
☐ . . . .

NOTE

CONSIGLIO DI LETTURA: "L'arte di essere fragili. Come Leopardi
può salvarti la vita" di Alessandro D'Avenia

VENERDÌ 2

TO DO
- [ ]
- [ ]
- [ ]
- [ ]
- [ ]
- [ ]

NOTE

SABATO 3 📑 *Giornata Internazionale dei Diritti delle Persone con Disabilità*

TO DO
- [ ]
- [ ]
- [ ]
- [ ]
- [ ]
- [ ]

DOMENICA 4

NOTE

BENVENUTO DICEMBRE

OBIETTIVI DEL MESE

1 . . . .
. . . .
2 . . . .
. . . .
3 . . . .
. . . .

TO DO

☐ . . . .
☐ . . . .
☐ . . . .
☐ . . . .
☐ . . . .
☐ . . . .

NOTE

LOL!

Sei un insegnante se non auguri
Buon Natale ma BUON NA - TA - LE!!!

LUNEDÌ	MARTEDÌ	MERCOLEDÌ	GIOVEDÌ	VENERDÌ	SABATO	DOMENICA
28	29	30	1	2	3	4
5	6	7	8	9	10	11
12	13	14	15	16	17	18
19	20	21	22	23	24	25
26	27	28	29	30	31	1

BOX PORTA DOLCETTI

GHIRLANDA DI NATALE

OCCHIALI DI NATALE

BIGLIETTO POP UP

RECAP SETTIMANALE

LUNEDÌ

MARTEDÌ

MERCOLEDÌ

GIOVEDÌ

VENERDÌ

SABATO

DOMENICA

DICEMBRE 2022

L	M	M	G	V	S	D
			1	2	3	4
5	6	7	8	9	10	11
12	13	14	15	16	17	18
19	20	21	22	23	24	25
26	27	28	29	30	31	

"Tieni il viso rivolto sempre verso
il sole e le ombre
cadranno dietro di te"
Proverbio Maori

TO DO

☐ . . . .
☐ . . . .
☐ . . . .
☐ . . . .
☐ . . . .
☐ . . . .

NOTE

LUNEDÌ 5

TO DO

☐ . . . .
☐ . . . .
☐ . . . .
☐ . . . .
☐ . . . .
☐ . . . .

NOTE

MARTEDÌ 6

TO DO

☐ . . . .
☐ . . . .
☐ . . . .
☐ . . . .
☐ . . . .
☐ . . . .

NOTE

MERCOLEDÌ 7

TO DO

☐ ....
☐ ....
☐ ....
☐ ....
☐ ....
☐ ....

NOTE

GIOVEDÌ 8 🔖 *Festa dell'Immacolata*

TO DO

☐ ....
☐ ....
☐ ....
☐ ....
☐ ....
☐ ....

NOTE

VENERDÌ 9

TO DO

☐ . . . .
☐ . . . .
☐ . . . .
☐ . . . .
☐ . . . .
☐ . . . .

NOTE

SABATO 10 ⚑ *Giornata Mondiale dei Diritti Umani*

TO DO

☐ . . . .
☐ . . . .
☐ . . . .
☐ . . . .
☐ . . . .

DOMENICA 11 ⚑ *Giornata Internazionale della Montagna*

☐ . . . .

NOTE

. . . .
. . . .
. . . .

RECAP SETTIMANALE

DICEMBRE 2022

LUNEDÌ

MARTEDÌ

MERCOLEDÌ

GIOVEDÌ

VENERDÌ

SABATO

DOMENICA

L	M	M	G	V	S	D
			1	2	3	4
5	6	7	8	9	10	11
12	13	14	15	16	17	18
19	20	21	22	23	24	25
26	27	28	29	30	31	

"Non scoraggiarti. È sempre
l'ultima chiave quella che
apre la serratura"
Paulo Coelho

TO DO

☐ . . . .
☐ . . . .
☐ . . . .
☐ . . . .
☐ . . . .
☐ . . . .

NOTE

LUNEDÌ 12

TO DO

☐ . . . .
☐ . . . .
☐ . . . .
☐ . . . .
☐ . . . .
☐ . . . .

NOTE

MARTEDÌ 13

TO DO

☐ . . . .
☐ . . . .
☐ . . . .
☐ . . . .
☐ . . . .
☐ . . . .

NOTE

MERCOLEDÌ 14

TO DO

☐ . . . .
☐ . . . .
☐ . . . .
☐ . . . .
☐ . . . .
☐ . . . .

NOTE

GIOVEDÌ 15

TO DO

☐ . . . .
☐ . . . .
☐ . . . .
☐ . . . .
☐ . . . .
☐ . . . .

NOTE

☆ MOVIE TIME: Mary Poppins

VENERDÌ 16

TO DO

☐ . . . .
☐ . . . .
☐ . . . .
☐ . . . .
☐ . . . .
☐ . . . .

NOTE

SABATO 17

TO DO

☐ . . . .
☐ . . . .
☐ . . . .
☐ . . . .
☐ . . . .

DOMENICA 18

☐ . . . .

NOTE

RECAP SETTIMANALE

LUNEDÌ

MARTEDÌ

MERCOLEDÌ

GIOVEDÌ

VENERDÌ

SABATO

DOMENICA

DICEMBRE 2022

L	M	M	G	V	S	D
			1	2	3	4
5	6	7	8	9	10	11
12	13	14	15	16	17	18
19	20	21	22	23	24	25
26	27	28	29	30	31	

"Se c'è una soluzione, non preoccuparti. Se non c'è una soluzione, non preoccuparti"
Confucio

TO DO

☐ . . . .
☐ . . . .
☐ . . . .
☐ . . . .
☐ . . . .
☐ . . . .

NOTE

DICEMBRE 2022

LUNEDÌ 19

TO DO

☐ . . . .
☐ . . . .
☐ . . . .
☐ . . . .
☐ . . . .
☐ . . . .

NOTE

MARTEDÌ 20

TO DO

☐ . . . .
☐ . . . .
☐ . . . .
☐ . . . .
☐ . . . .
☐ . . . .

NOTE

MERCOLEDÌ 21 🔖 *Primo giorno d'inverno*

TO DO

☐ . . . .
☐ . . . .
☐ . . . .
☐ . . . .
☐ . . . .
☐ . . . .

NOTE

GIOVEDÌ 22

TO DO

☐ . . . .
☐ . . . .
☐ . . . .
☐ . . . .
☐ . . . .
☐ . . . .

NOTE

VENERDÌ 23

TO DO

☐ . . . .
☐ . . . .
☐ . . . .
☐ . . . .
☐ . . . .
☐ . . . .

NOTE

SABATO 24

TO DO

☐ . . . .
☐ . . . .
☐ . . . .
☐ . . . .
☐ . . . .
☐ . . . .

DOMENICA 25 Natale

NOTE

RECAP SETTIMANALE

LUNEDÌ

MARTEDÌ

MERCOLEDÌ

GIOVEDÌ

VENERDÌ

SABATO

DOMENICA

DICEMBRE 2022

L	M	M	G	V	S	D
			1	2	3	4
5	6	7	8	9	10	11
12	13	14	15	16	17	18
19	20	21	22	23	24	25
26	27	28	29	30	31	

"Scegli di essere positivo,
ci si sente meglio"
Dalai Lama

TO DO

☐ . . . .
☐ . . . .
☐ . . . .
☐ . . . .
☐ . . . .
☐ . . . .

NOTE

LUNEDÌ 26 *Santo Stefano*

TO DO

☐ ....

☐ ....

☐ ....

☐ ....

☐ ....

☐ ....

NOTE

MARTEDÌ 27

TO DO

☐ ....

☐ ....

☐ ....

☐ ....

☐ ....

☐ ....

NOTE

MERCOLEDÌ 28

TO DO

☐ ....
☐ ....
☐ ....
☐ ....
☐ ....
☐ ....

NOTE

GIOVEDÌ 29

TO DO

☐ ....
☐ ....
☐ ....
☐ ....
☐ ....
☐ ....

NOTE

VENERDÌ 30

TO DO

☐ . . . .
☐ . . . .
☐ . . . .
☐ . . . .
☐ . . . .
☐ . . . .

NOTE

SABATO 31 🔖 San Silvestro

TO DO

☐ . . . .
☐ . . . .
☐ . . . .
☐ . . . .
☐ . . . .

DOMENICA 1 🔖 Capodanno

☐ . . . .

NOTE

⭐ CONSIGLIO DI LETTURA: "La libertà di essere se stessi. Il giudice interiore e il conflitto tra dovere ed essere" di Avikal E. Costantino

BENVENUTO GENNAIO

OBIETTIVI DEL MESE

1 . . . .

. . . .

2 . . . .

. . . .

3 . . . .

. . . .

TO DO

☐ . . . .

☐ . . . .

☐ . . . .

☐ . . . .

☐ . . . .

☐ . . . .

NOTE

A tutti i colleghi BES (bravi e simpatici)
auguro un UDA (universo d'amore)!
Brinda con PDP (prosecco, dolci panettone)

LUNEDÌ	MARTEDÌ	MERCOLEDÌ	GIOVEDÌ	VENERDÌ	SABATO	DOMENICA
26	27	28	29	30	31	1
2	3	4	5	6	7	8
9	10	11	12	13	14	15
16	17	18	19	20	21	22
23	24	25	26	27	28	29
30	31	1	2	3	4	5

GIORNO DELLA MEMORIA

È un gran miracolo che io non abbia rinunciato a tutte le mie speranze perché esse sembrano assurde e inattuabili. Le conservo ancora,nonostante tutto, perché continuo a credere nell'intima bontà dell'uomo.
Anna Frank

DALLA MIA CLASSE AL MONDO
Scrivi quali azioni quotidiane puoi fare per portare
e diffondere la pace nella tua classe, nella tua scuola,
nella tua città, nel tuo stato... nel mondo!

Nella mia classe posso ....

Nella mia scuola posso ....

Nella mia città posso ....

Nel mio stato posso ....

Nel mondo posso ....

I GIORNI DELLA MERLA

Biglietto pieghevole con storia

C'era un tempo in cui le merle
non eran nere,
eran tutte bianche con piume
soffici e leggere.
Poi vennero giorni pieni
di ghiaccio, neve e bufere
che le merle fecero diventare
per sempre tutte nere.
E sai perché?
Per scaldarsi un pochino,
in quei giorni le merle
si avvicinarono ad un camino
e così il fumo fece diventare
le loro piume color cotone
nere, nere, nere
proprio come il carbone.

RECAP SETTIMANALE

LUNEDÌ

MARTEDÌ

MERCOLEDÌ

GIOVEDÌ

VENERDÌ

SABATO

DOMENICA

GENNAIO 2023

L	M	M	G	V	S	D
						1
2	3	4	5	6	7	8
9	10	11	12	13	14	15
16	17	18	19	20	21	22
23	24	25	26	27	28	29
30	31					

"Non tutti i giorni possono
essere buoni, ma c'è qualcosa
di buono in ogni giorno"
Alice Morse Earle

TO DO

☐ . . . .
☐ . . . .
☐ . . . .
☐ . . . .
☐ . . . .
☐ . . . .

NOTE

LUNEDÌ 2

TC DO

☐ . . . .
☐ . . . .
☐ . . . .
☐ . . . .
☐ . . . .
☐ . . . .

NCTE

MARTEDÌ 3

TO DO

☐ . . . .
☐ . . . .
☐ . . . .
☐ . . . .
☐ . . . .
☐ . . . .

NOTE

MERCOLEDÌ 4

TO DO

☐ ....
☐ ....
☐ ....
☐ ....
☐ ....
☐ ....

NOTE

GIOVEDÌ 5

TO DO

☐ ....
☐ ....
☐ ....
☐ ....
☐ ....
☐ ....

NOTE

VENERDÌ 6 🔖 *Epifania*

TO DO

☐ . . . .
☐ . . . .
☐ . . . .
☐ . . . .
☐ . . . .
☐ . . . .

NOTE

SABATO 7

TO DO

☐ . . . .
☐ . . . .
☐ . . . .
☐ . . . .
☐ . . . .

DOMENICA 8

☐ . . . .

NOTE

RECAP SETTIMANALE

LUNEDÌ

MARTEDÌ

MERCOLEDÌ

GIOVEDÌ

VENERDÌ

SABATO

DOMENICA

GENNAIO 2023

L	M	M	G	V	S	D
						1
2	3	4	5	6	7	8
9	10	11	12	13	14	15
16	17	18	19	20	21	22
23	24	25	26	27	28	29
30	31					

"Se sei positivo, vedrai
opportunità anziché ostacoli"
Widad Akrawi

TO DO

☐ . . . .
☐ . . . .
☐ . . . .
☐ . . . .
☐ . . . .
☐ . . . .

NOTE

LUNEDÌ 9

TO DO

☐ . . . .
☐ . . . .
☐ . . . .
☐ . . . .
☐ . . . .
☐ . . . .

NOTE

MARTEDÌ 10

TO DO

☐ . . . .
☐ . . . .
☐ . . . .
☐ . . . .
☐ . . . .
☐ . . . .

NOTE

MERCOLEDÌ 11

TO DO

- [ ]
- [ ]
- [ ]
- [ ]
- [ ]
- [ ]

NOTE

GIOVEDÌ 12

TO DO

- [ ]
- [ ]
- [ ]
- [ ]
- [ ]
- [ ]

NOTE

VENERDÌ 13

TC DO

☐ ....
☐ ....
☐ ....
☐ ....
☐ ....
☐ ....

NCTE

SABATO 14

TO DO

☐ ....
☐ ....
☐ ....
☐ ....
☐ ....
☐ ....

DOMENICA 15

NOTE

☆ MOVIE TIME: Maria Montessori - Una vita per i bambini

RECAP SETTIMANALE

LUNEDÌ

MARTEDÌ

MERCOLEDÌ

GIOVEDÌ

VENERDÌ

SABATO

DOMENICA

GENNAIO 2023

L	M	M	G	V	S	D
						1
2	3	4	5	6	7	8
9	10	11	12	13	14	15
16	17	18	19	20	21	22
23	24	25	26	27	28	29
30	31					

"Non piangere perché è finita,
sorridi perché è successo"
Dr. Seuss

TO DO

☐ . . . .
☐ . . . .
☐ . . . .
☐ . . . .
☐ . . . .
☐ . . . .

NOTE

LUNEDÌ 16 *Giornata mondiale della neve*

TO DO

- [ ]
- [ ]
- [ ]
- [ ]
- [ ]
- [ ]

NOTE

MARTEDÌ 17

TO DO

- [ ]
- [ ]
- [ ]
- [ ]
- [ ]
- [ ]

NOTE

MERCOLEDÌ 18

TO DO

☐ ....
☐ ....
☐ ....
☐ ....
☐ ....
☐ ....

NOTE

GIOVEDÌ 19

TO DO

☐ ....
☐ ....
☐ ....
☐ ....
☐ ....
☐ ....

NOTE

VENERDÌ 20

TO DO

- ☐ ....
- ☐ ....
- ☐ ....
- ☐ ....
- ☐ ....
- ☐ ....

NOTE

SABATO 21

TO DO

- ☐ ....
- ☐ ....
- ☐ ....
- ☐ ....
- ☐ ....
- ☐ ....

DOMENICA 22

NOTE

RECAP SETTIMANALE

LUNEDÌ

MARTEDÌ

MERCOLEDÌ

GIOVEDÌ

VENERDÌ

SABATO

DOMENICA

GENNAIO 2023

L	M	M	G	V	**S**	**D**
						1
2	3	4	5	**6**	**7**	**8**
9	10	11	12	13	**14**	**15**
16	17	18	19	20	**21**	**22**
23	24	25	26	27	**28**	**29**
30	31					

"Un solo piccolo pensiero positivo al mattino può cambiare l'intera giornata"
Dalai Lama

TO DO

☐ . . . .
☐ . . . .
☐ . . . .
☐ . . . .
☐ . . . .
☐ . . . .

NOTE

LUNEDÌ 23

TO DO

- [ ]
- [ ]
- [ ]
- [ ]
- [ ]
- [ ]

NOTE

MARTEDÌ 24

TO DO

- [ ]
- [ ]
- [ ]
- [ ]
- [ ]
- [ ]

NOTE

MERCOLEDÌ 25

TO DO

☐ . . . .
☐ . . . .
☐ . . . .
☐ . . . .
☐ . . . .
☐ . . . .

NOTE

GIOVEDÌ 26

TO DO

☐ . . . .
☐ . . . .
☐ . . . .
☐ . . . .
☐ . . . .
☐ . . . .

NOTE

VENERDÌ 27 🔖 *Giornata della Memoria*

TO DO
- ☐
- ☐
- ☐
- ☐
- ☐
- ☐

NOTE

SABATO 28

TO DO
- ☐
- ☐
- ☐
- ☐
- ☐
- ☐

DOMENICA 29 🔖 *Giorni della Merla*

NOTE

RECAP SETTIMANALE

GENNAIO 2023

LUNEDÌ

MARTEDÌ

MERCOLEDÌ

GIOVEDÌ

VENERDÌ

SABATO

DOMENICA

L	M	M	G	V	S	D
						1
2	3	4	5	6	7	8
9	10	11	12	13	14	15
16	17	18	19	20	21	22
23	24	25	26	27	28	29
30	31					

"Se l'opportunità non bussa,
costruisci una porta"
Milton Berle

TO DO

☐ . . . .
☐ . . . .
☐ . . . .
☐ . . . .
☐ . . . .
☐ . . . .

NOTE

LUNEDÌ 30 🔖 *Giorni della Merla*

TO DO

- [ ] ....
- [ ] ....
- [ ] ....
- [ ] ....
- [ ] ....
- [ ] ....

NOTE

MARTEDÌ 31 🔖 *Giorni della Merla*

TO DO

- [ ] ....
- [ ] ....
- [ ] ....
- [ ] ....
- [ ] ....
- [ ] ....

NOTE

BENVENUTO FEBBRAIO

OBIETTIVI DEL MESE

1 ....
....
2 ....
....
3 ....
....

TO DO

☐ ....
☐ ....
☐ ....
☐ ....
☐ ....
☐ ....

NOTE

LOL!

Caffè, strumento compensativo
per maestre e maestri!

LUNEDÌ	MARTEDÌ	MERCOLEDÌ	GIOVEDÌ	VENERDÌ	SABATO	DOMENICA
30	31	1	2	3	4	5
6	7	8	9	10	11	12
13	14	15	16	17	18	19
20	21	22	23	24	25	26
27	28	1	2	3	4	5

GHIRLANDA DEI CALZINI SPAIATI

Ogni amico va amato
proprio come
un calzino spaiato,
ognuno di noi è speciale
come un tesoro
tantissimo vale!
Celebriamo la nostra diversità
che felicità nel
mondo porterà!

BULLISMO

Ferma il bullismo partendo dalle tue parole,
pronuncia solo quelle che fanno bene al cuore.
Cancella per sempre le parole pugnale
quelle fanno davvero troppo male,
causano solo profonde ferite
e mettono in pericolo tante preziose vite.
A tutti dona parole preziose e piene d'amore,
fai la tua parte per rendere il mondo un posto migliore.

PAROLE PREZIOSE

Scrivi parole che fanno bene
a te e agli altri

PAROLE PUGNALE

Scrivi parole che fanno male
a te e agli altri

CONO PORTA CORIANDOLI

MASCHERA 3D

MERCOLEDÌ 1

TO DO
- ☐ . . . .
- ☐ . . . .
- ☐ . . . .
- ☐ . . . .
- ☐ . . . .
- ☐ . . . .

NOTE

CONSIGLIO DI LETTURA: "Insegnanti felici cambiano il mondo. Una guida per coltivare la consapevolezza nell'educazione" di Thich Nhat Hanh

GIOVEDÌ 2

TO DO
- ☐ . . . .
- ☐ . . . .
- ☐ . . . .
- ☐ . . . .
- ☐ . . . .
- ☐ . . . .

NOTE

VENERDÌ 3

TO DO

☐ . . . .
☐ . . . .
☐ . . . .
☐ . . . .
☐ . . . .
☐ . . . .

NOTE

TO DO

☐ . . . .
☐ . . . .
☐ . . . .
☐ . . . .
☐ . . . .
☐ . . . .

SABATO 4 🔖 *Giornata dei calzini spaiati*

DOMENICA 5 🔖 *Giornata Mondiale della Nutella*

NOTE

RECAP SETTIMANALE

FEBBRAIO 2023

LUNEDÌ

....

MARTEDÌ

....

MERCOLEDÌ

....

GIOVEDÌ

....

VENERDÌ

....

SABATO

....

DOMENICA

L	M	M	G	V	S	D
		1	2	3	4	5
6	7	8	9	10	11	12
13	14	15	16	17	18	19
20	21	22	23	24	25	26
27	28					

"Ogni nuovo mattino, uscirò
per le strade cercando i colori"
Cesare Pavese

TO DO

☐ . . . .
☐ . . . .
☐ . . . .
☐ . . . .
☐ . . . .
☐ . . . .

NOTE

LUNEDÌ 6

TO DO

- ☐ ....
- ☐ ....
- ☐ ....
- ☐ ....
- ☐ ....
- ☐ ....

NOTE

MARTEDÌ 7 *Giornata mondiale contro il bullismo e il cyberbullismo*

TO DO

- ☐ ....
- ☐ ....
- ☐ ....
- ☐ ....
- ☐ ....
- ☐ ....

NOTE

MERCOLEDÌ 8

TO DO

- [ ] ....
- [ ] ....
- [ ] ....
- [ ] ....
- [ ] ....
- [ ] ....

NOTE

GIOVEDÌ 9

TO DO

- [ ] ....
- [ ] ....
- [ ] ....
- [ ] ....
- [ ] ....
- [ ] ....

NOTE

VENERDÌ 10 — *Giorno del ricordo*

TO DO

- [ ]
- [ ]
- [ ]
- [ ]
- [ ]
- [ ]

NOTE

SABATO 11

TO DO

- [ ]
- [ ]
- [ ]
- [ ]
- [ ]
- [ ]

DOMENICA 12

NOTE

RECAP SETTIMANALE

LUNEDÌ

MARTEDÌ

MERCOLEDÌ

GIOVEDÌ

VENERDÌ

SABATO

DOMENICA

FEBBRAIO 2023

L	M	M	G	V	S	D
		1	2	3	4	5
6	7	8	9	10	11	12
13	14	15	16	17	18	19
20	21	22	23	24	25	26
27	28					

"L'atteggiamento è
una piccola cosa che fa
una grande differenza"
Winston Churchill

TO DO

☐ . . . .
☐ . . . .
☐ . . . .
☐ . . . .
☐ . . . .
☐ . . . .

NOTE

FEBBRAIO 2023

LUNEDÌ 13

TO DO

☐ ....
☐ ....
☐ ....
☐ ....
☐ ....
☐ ....

NOTE

MARTEDÌ 14 📑 San Valentino

TO DO

☐ ....
☐ ....
☐ ....
☐ ....
☐ ....
☐ ....

NOTE

MERCOLEDÌ 15

TO DO

☐ . . . .
☐ . . . .
☐ . . . .
☐ . . . .
☐ . . . .
☐ . . . .

NOTE

☆ MOVIE TIME: Non è mai troppo tardi- la storia di Alberto Manzi, maestro rivoluzionario (mini serie)

GIOVEDÌ 16

TO DO

☐ . . . .
☐ . . . .
☐ . . . .
☐ . . . .
☐ . . . .
☐ . . . .

NOTE

FEBBRAIO 2023

VENERDÌ 17

TO DO
- [ ]
- [ ]
- [ ]
- [ ]
- [ ]
- [ ]

NOTE

SABATO 18

TO DO
- [ ]
- [ ]
- [ ]
- [ ]
- [ ]
- [ ]

DOMENICA 19

NOTE

RECAP SETTIMANALE

LUNEDÌ

MARTEDÌ

MERCOLEDÌ

GIOVEDÌ

VENERDÌ

SABATO

DOMENICA

FEBBRAIO 2023

L	M	M	G	V	S	D
		1	2	3	4	5
6	7	8	9	10	11	12
13	14	15	16	17	18	19
20	21	22	23	24	25	26
27	28					

"La vita è per il 10% cosa ti accade e per il 90% come reagisci"
Charles R. Swindoll

TO DO

☐ . . . .
☐ . . . .
☐ . . . .
☐ . . . .
☐ . . . .
☐ . . . .

NOTE

LUNEDÌ 20

TO DO

☐ . . . .
☐ . . . .
☐ . . . .
☐ . . . .
☐ . . . .
☐ . . . .

NOTE

MARTEDÌ 21 🔖 Giornata Internazionale della Lingua Madre

TO DO

☐ . . . .
☐ . . . .
☐ . . . .
☐ . . . .
☐ . . . .
☐ . . . .

NOTE

MERCOLEDÌ 22

TO DO

☐ . . . .
☐ . . . .
☐ . . . .
☐ . . . .
☐ . . . .
☐ . . . .

NOTE

GIOVEDÌ 23

TO DO

☐ . . . .
☐ . . . .
☐ . . . .
☐ . . . .
☐ . . . .
☐ . . . .

NOTE

FEBBRAIO 2023

VENERDÌ 24

TO DO

- ☐ . . . .
- ☐ . . . .
- ☐ . . . .
- ☐ . . . .
- ☐ . . . .
- ☐ . . . .

NOTE

SABATO 25

TC DO

- ☐ . . . .
- ☐ . . . .
- ☐ . . . .
- ☐ . . . .
- ☐ . . . .
- ☐ . . . .

DOMENICA 26

NOTE

FEBBRAIO 2023

LUNEDÌ
_____

MARTEDÌ
_____

MERCOLEDÌ
_____

GIOVEDÌ
_____

VENERDÌ
_____

SABATO
_____

DOMENICA

L	M	M	G	V	S	D
		1	2	3	4	5
6	7	8	9	10	11	12
13	14	15	16	17	18	19
20	21	22	23	24	25	26
27	28					

"Agisci come se quel che fai,
facesse la differenza. La fa"
William James

TO DO

☐ . . . .
☐ . . . .
☐ . . . .
☐ . . . .
☐ . . . .
☐ . . . .

NOTE

LUNEDÌ 27

TO DO

☐ . . . .
☐ . . . .
☐ . . . .
☐ . . . .
☐ . . . .
☐ . . . .

NOTE

MARTEDÌ 28

TO DO

☐ . . . .
☐ . . . .
☐ . . . .
☐ . . . .
☐ . . . .
☐ . . . .

NOTE

BENVENUTO MARZO

OBIETTIVI DEL MESE

1 ....
....
2 ....
....
3 ....
....

TO DO

- [ ] ....
- [ ] ....
- [ ] ....
- [ ] ....
- [ ] ....
- [ ] ....

NOTE

LOL!

Il mio soprannome è Maestra,
il mio nome completo è
Maestra, Maestra, Maestraaaaaaa!!!

LUNEDÌ	MARTEDÌ	MERCOLEDÌ	GIOVEDÌ	VENERDÌ	SABATO	DOMENICA
27	28	1	2	3	4	5
6	7	8	9	10	11	12
13	14	15	16	17	18	19
20	21	22	23	24	25	26
27	28	29	30	31	1	2

FESTA DEL PAPÀ

Caro papà quest'anno vorrei che in questo giorno
fossi tu a farmi un regalo speciale.
Apri il biglietto e scopri cosa desidero!

IL TUO TEMPO

CON AMORE . . . .

DANTEDÌ

Sono Dante, famoso scrittore
di tantissime opere l'autore.
La Dividia Commedia è la più famosa
e di certo è molto fantasiosa!
Racconta della mia avventura
in un luogo che fa un po' paura,
all'inferno e in purgatorio sono andato
e Virgilio mi ha accompagnato.
Ho visitato anche il Paradiso
grazie a Beatrice e al suo sorriso!
È stato proprio un bel viaggio,
che mi ha insegnato a vivere con coraggio!

MERCOLEDÌ 1 🔖 *Giornata Mondiale del Complimento*

TO DO

☐ . . . .
☐ . . . .
☐ . . . .
☐ . . . .
☐ . . . .
☐ . . . .

NOTE

☆ CONSIGLIO DI LETTURA: "Scuola, insegnanti e buon umore. Insegnare in modo efficace, senza stress" di Roger Mills e Ami Chen Mills-Naim

GIOVEDÌ 2

TO DO

☐ . . . .
☐ . . . .
☐ . . . .
☐ . . . .
☐ . . . .
☐ . . . .

NOTE

MARZO 2023

VENERDÌ 3

TO DO
- ☐ . . . .
- ☐ . . . .
- ☐ . . . .
- ☐ . . . .
- ☐ . . . .
- ☐ . . . .

NOTE

SABATO 4

TO DO
- ☐ . . . .
- ☐ . . . .
- ☐ . . . .
- ☐ . . . .
- ☐ . . . .

DOMENICA 5
- ☐ . . . .

NOTE

RECAP SETTIMANALE

MARZO 2023

LUNEDÌ

MARTEDÌ

MERCOLEDÌ

GIOVEDÌ

VENERDÌ

SABATO

DOMENICA

L	M	M	G	V	S	D
		1	2	3	4	5
6	7	8	9	10	11	12
13	14	15	16	17	18	19
20	21	22	23	24	25	26
27	28	29	30	31		

"L'unico limite alla nostra
realizzazione di domani saranno
i nostri dubbi di oggi"
Franklin D. Roosevelt

TO DO

☐ . . . .
☐ . . . .
☐ . . . .
☐ . . . .
☐ . . . .
☐ . . . .

NOTE

MARZO 2023

LUNEDÌ 6

TO DO

- [ ] ....
- [ ] ....
- [ ] ....
- [ ] ....
- [ ] ....
- [ ] ....

NOTE

MARTEDÌ 7

TO DO

- [ ] ....
- [ ] ....
- [ ] ....
- [ ] ....
- [ ] ....
- [ ] ....

NOTE

MERCOLEDI' 8 🔖 *Festa della Donna*

TO DO

☐ . . . .
☐ . . . .
☐ . . . .
☐ . . . .
☐ . . . .
☐ . . . .

NOTE

GIOVEDI' 9

TO DO

☐ . . . .
☐ . . . .
☐ . . . .
☐ . . . .
☐ . . . .
☐ . . . .

NOTE

MARZO 2023

VENERDÌ 10

TO DO

- [ ] ....
- [ ] ....
- [ ] ....
- [ ] ....
- [ ] ....
- [ ] ....

NOTE

SABATO 11

TO DO

- [ ] ....
- [ ] ....
- [ ] ....
- [ ] ....
- [ ] ....
- [ ] ....

DOMENICA 12

NOTE

RECAP SETTIMANALE

LUNEDÌ

MARTEDÌ

MERCOLEDÌ

GIOVEDÌ

VENERDÌ

SABATO

DOMENICA

MARZO 2023

L	M	M	G	V	S	D
		1	2	3	**4**	**5**
6	7	8	9	10	**11**	**12**
13	14	15	16	17	**18**	**19**
20	21	22	23	24	**25**	**26**
27	28	29	30	31		

"Sembra sempre impossibile,
finché non viene fatto"
Nelson Mandela

TO DO

☐ . . . .
☐ . . . .
☐ . . . .
☐ . . . .
☐ . . . .
☐ . . . .

NOTE

LUNEDÌ 13

TO DO

☐ ....
☐ ....
☐ ....
☐ ....
☐ ....
☐ ....

NOTE

MARTEDÌ 14 ⚑ *Pi Greco Day*

TO DO

☐ ....
☐ ....
☐ ....
☐ ....
☐ ....
☐ ....

NOTE

MERCOLEDÌ 15

TO DO

☐ . . . .
☐ . . . .
☐ . . . .
☐ . . . .
☐ . . . .
☐ . . . .

NOTE

☆ MOVIE TIME: Scoprendo Forrester – Finding Forrester

GIOVEDÌ 16

TO DO

☐ . . . .
☐ . . . .
☐ . . . .
☐ . . . .
☐ . . . .
☐ . . . .

NOTE

MARZO 2023

VENERDÌ 17 *Giornata dell'Unità nazionale, della Costituzione, dell'Inno e della Bandiera*

TO DO

- [ ] ....
- [ ] ....
- [ ] ....
- [ ] ....
- [ ] ....
- [ ] ....

NOTE

SABATO 18

TO DO

- [ ] ....
- [ ] ....
- [ ] ....
- [ ] ....
- [ ] ....
- [ ] ....

NOTE

DOMENICA 19 *Festa del Papà*

RECAP SETTIMANALE

MARZO 2023

LUNEDÌ

_____

MARTEDÌ

_____

MERCOLEDÌ

_____

GIOVEDÌ

_____

VENERDÌ

_____

SABATO

_____

DOMENICA

L	M	M	G	V	S	D
		1	2	3	4	5
6	7	8	9	10	11	12
13	14	15	16	17	18	19
20	21	22	23	24	25	26
27	28	29	30	31		

"Se credi che puoi, sei già
a metà strada"
Theodore Roosevelt

TO DO

- ☐ . . . .
- ☐ . . . .
- ☐ . . . .
- ☐ . . . .
- ☐ . . . .
- ☐ . . . .

NOTE

MARZO 2023

LUNEDÌ 20
Giornata Internazionale della Felicità
Primo giorno di Primavera

TO DO
- ☐ ....
- ☐ ....
- ☐ ....
- ☐ ....
- ☐ ....
- ☐ ....

NOTE

MARTEDÌ 21
Giornata Mondiale della Poesia
Giornata Mondiale per la Sindrome di Down

TO DO
- ☐ ....
- ☐ ....
- ☐ ....
- ☐ ....
- ☐ ....
- ☐ ....

NOTE

MERCOLEDÌ 22 🔖 *Giornata Mondiale dell'Acqua*

TO DO

☐ . . . .
☐ . . . .
☐ . . . .
☐ . . . .
☐ . . . .
☐ . . . .

NOTE

GIOVEDÌ 23

TO DO

☐ . . . .
☐ . . . .
☐ . . . .
☐ . . . .
☐ . . . .
☐ . . . .

NOTE

VENERDÌ 24

Giornata Nazionale per la Promozione della Lettura

TO DO

☐ . . . .
☐ . . . .
☐ . . . .
☐ . . . .
☐ . . . .
☐ . . . .

NOTE

SABATO 25

#EarthHour "Ora della Terra"

TC DO

☐ . . . .
☐ . . . .
☐ . . . .
☐ . . . .
☐ . . . .
☐ . . . .

DOMENICA 26

NOTE

RECAP SETTIMANALE

MARZO 2023

LUNEDÌ

MARTEDÌ

MERCOLEDÌ

GIOVEDÌ

VENERDÌ

SABATO

DOMENICA

L	M	M	G	V	S	D
		1	2	3	4	5
6	7	8	9	10	11	12
13	14	15	16	17	18	19
20	21	22	23	24	25	26
27	28	29	30	31		

"La vita sceglie la musica,
noi scegliamo come ballarla"
John Galsworthy

TO DO

☐ . . . .
☐ . . . .
☐ . . . .
☐ . . . .
☐ . . . .
☐ . . . .

NOTE

MARZO 2023

LUNEDÌ 27 *Giornata Mondiale del Teatro*

TO DO

☐ . . . .
☐ . . . .
☐ . . . .
☐ . . . .
☐ . . . .
☐ . . . .

NOTE

MARTEDÌ 28

TO DO

☐ . . . .
☐ . . . .
☐ . . . .
☐ . . . .
☐ . . . .
☐ . . . .

NOTE

MERCOLEDÌ 29

TO DO

- ☐ ....
- ☐ ....
- ☐ ....
- ☐ ....
- ☐ ....
- ☐ ....

NOTE

GIOVEDÌ 30

TO DO

- ☐ ....
- ☐ ....
- ☐ ....
- ☐ ....
- ☐ ....
- ☐ ....

NOTE

VENERDÌ 31

TO DO

☐ ....

☐ ....

☐ ....

☐ ....

☐ ....

☐ ....

NOTE

SABATO 1 ▌ Pesce d'Aprile

TO DO

☐ ....

☐ ....

☐ ....

☐ ....

☐ ....

☐ ....

☆ CONSIGLIO DI LETTURA: "L'appello" di Alessandro D'Avenia

DOMENICA 2 ▌ Giornata Mondiale della Consapevolezza dell'Autismo
▌ Domenica delle Palme

NOTE

BENVENUTO APRILE

OBIETTIVI DEL MESE

1 ....
....
2 ....
....
3 ....
....

TO DO

☐ ....
☐ ....
☐ ....
☐ ....
☐ ....
☐ ....

NOTE

LOL!

Tipiche competenze di maestre e maestri: camminare all'indietro, parlare con 5 bambini contemporaneamente, auto-convincersi che non scappa la pipì!

LUNEDÌ	MARTEDÌ	MERCOLEDÌ	GIOVEDÌ	VENERDÌ	SABATO	DOMENICA
27	28	29	30	31	1	2
3	4	5	6	7	8	9
10	11	12	13	14	15	16
17	18	19	20	21	22	23
24	25	26	27	28	29	30

2 APRILE

Sono dentro al mio mondo
a te sembra il finimondo!

Ti chiedo di non aver paura,
all'inizio ti sembrerà dura,
ma prometto, se di me avrai cura
sarà una sorprendente avventura!

Ti insegnerò ad aprire mente e cuore,
a rendere questo mondo un posto migliore.

Ti insegnerò quanto vale
essere unico e speciale
così tu non mi temerai
e per tutta la vita mi amerai.

GIORNATA
MONDIALE
DELLA
CONSAPEVOLEZZA
SULL'AUTISMO

GIORNATA MONDIALE DELLA TERRA

In che modo posso fare la mia parte?
Elenca tutto ciò che puoi fare per prenderti
cura del tuo pianeta.

IDEA GREEN
PER LA FAMIGLIA

☐ . . . .
☐ . . . .
☐ . . . .
☐ . . . .
☐ . . . .
☐ . . . .

In questi giorni,
accompagnare
se possibile,
i bambini a scuola
in bici o a piedi

CACCIA ALLE UOVA

Nascondi l'uovo di cioccolata, poi ritaglia le piccole uova in base al numero di lettere neccessarie a comporre il nome del nascondiglio. Scrivi una lettera su ogni uovo. La mattina di Pasqua nascondi le piccole uova sparse per casa. Via alla caccia! Una volta trovate tutte le lettere sarà il momento di combinarle per scoprire il misterioso nascondiglio e recuperare così l'uovo di cioccolata.

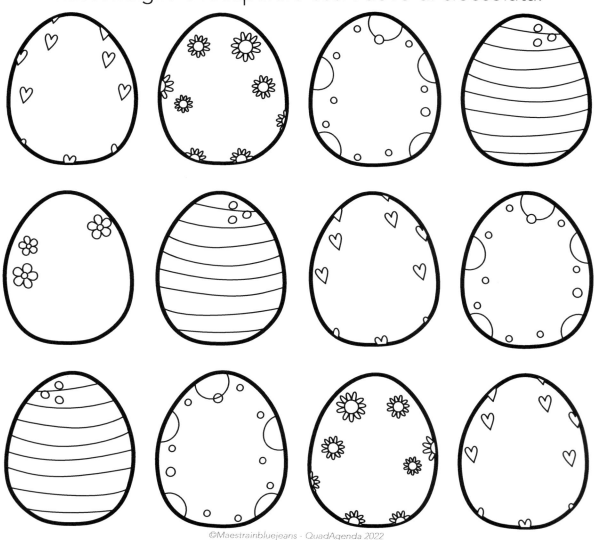

GHIRLANDA DI PASQUA

RECAP SETTIMANALE

APRILE 2023

LUNEDÌ
....

MARTEDÌ
....

MERCOLEDÌ
....

GIOVEDÌ
....

VENERDÌ
....

SABATO
....

DOMENICA
....

L	M	M	G	V	S	D
					1	2
3	4	5	6	7	8	9
10	11	12	13	14	15	16
17	18	19	20	21	22	23
24	25	26	27	28	29	30

"Se puoi cambiare idea,
puoi cambiare la tua vita"
William James

TO DO

☐ . . . .
☐ . . . .
☐ . . . .
☐ . . . .
☐ . . . .
☐ . . . .

NOTE

LUNEDÌ 3

TO DO

☐ ....
☐ ....
☐ ....
☐ ....
☐ ....
☐ ....

NOTE

MARTEDÌ 4

TO DO

☐ ....
☐ ....
☐ ....
☐ ....
☐ ....
☐ ....

NOTE

MERCOLEDÌ 5

TO DO

☐ . . . .
☐ . . . .
☐ . . . .
☐ . . . .
☐ . . . .
☐ . . . .

NOTE

GIOVEDÌ 6

TO DO

☐ . . . .
☐ . . . .
☐ . . . .
☐ . . . .
☐ . . . .
☐ . . . .

NOTE

VENERDÌ 7

TO DO

- [ ]
- [ ]
- [ ]
- [ ]
- [ ]
- [ ]

NOTE

SABATO 8

TO DO

- [ ]
- [ ]
- [ ]
- [ ]
- [ ]
- [ ]

DOMENICA 9 *Pasqua*

NOTE

RECAP SETTIMANALE

APRILE 2023

LUNEDI'

MARTEDI'

MERCOLEDI'

GIOVEDI'

VENERDI'

SABATO

DOMENICA

L	M	M	G	V	S	D
					1	2
3	4	5	6	7	8	9
10	11	12	13	14	15	16
17	18	19	20	21	22	23
24	25	26	27	28	29	30

"Stai lontano dalle persone negative. Hanno un problema per ogni soluzione"
Albert Einstein

TO DO

☐ . . . .
☐ . . . .
☐ . . . .
☐ . . . .
☐ . . . .
☐ . . . .

NOTE

LUNEDÌ 10 🚩 *Pasquetta*

TO DO

☐ . . . .

☐ . . . .

☐ . . . .

☐ . . . .

☐ . . . .

☐ . . . .

NOTE

MARTEDÌ 11

TO DO

☐ . . . .

☐ . . . .

☐ . . . .

☐ . . . .

☐ . . . .

☐ . . . .

NOTE

MERCOLEDÌ 12

TO DO

☐ . . . .
☐ . . . .
☐ . . . .
☐ . . . .
☐ . . . .
☐ . . . .

NOTE

GIOVEDÌ 13

TO DO

☐ . . . .
☐ . . . .
☐ . . . .
☐ . . . .
☐ . . . .
☐ . . . .

NOTE

VENERDÌ 14

TO DO

- [ ]
- [ ]
- [ ]
- [ ]
- [ ]
- [ ]

NOTE

SABATO 15

TO DO

- [ ]
- [ ]
- [ ]
- [ ]
- [ ]
- [ ]

☆ MOVIE TIME: Stand by Me – Ricordo di un'estate

DOMENICA 16 *Giornata Mondiale della Voce*

NOTE

RECAP SETTIMANALE

LUNEDÌ

MARTEDÌ

MERCOLEDÌ

GIOVEDÌ

VENERDÌ

SABATO

DOMENICA

APRILE 2023

L	M	M	G	V	S	D
					1	2
3	4	5	6	7	8	9
10	11	12	13	14	15	16
17	18	19	20	21	22	23
24	25	26	27	28	29	30

"Tutti dovrebbero beneficiare dei tuoi pensieri positivi; sii come la pioggia che non si cura di dove cade"
E. L. Word

TO DO

☐ . . . .
☐ . . . .
☐ . . . .
☐ . . . .
☐ . . . .
☐ . . . .

NOTE

LUNEDÌ 17

TO DO

☐ . . . .
☐ . . . .
☐ . . . .
☐ . . . .
☐ . . . .
☐ . . . .

NOTE

MARTEDÌ 18

TO DO

☐ . . . .
☐ . . . .
☐ . . . .
☐ . . . .
☐ . . . .
☐ . . . .

NOTE

MERCOLEDI' 19

TO DO

☐ . . . .
☐ . . . .
☐ . . . .
☐ . . . .
☐ . . . .
☐ . . . .

NOTE

GIOVEDI' 20

TO DO

☐ . . . .
☐ . . . .
☐ . . . .
☐ . . . .
☐ . . . .
☐ . . . .

NOTE

VENERDÌ 21 🔖 *Giornata Mondiale della Creatività e dell'Innovazione*

TO DO

- [ ]
- [ ]
- [ ]
- [ ]
- [ ]
- [ ]

NOTE

SABATO 22 🔖 *EarthDay Giornata Mondiale della Terra*

TO DO

- [ ]
- [ ]
- [ ]
- [ ]
- [ ]
- [ ]

DOMENICA 23 🔖 *Giornata Mondiale del Libro*

NOTE

RECAP SETTIMANALE

LUNEDÌ

MARTEDÌ

MERCOLEDÌ

GIOVEDÌ

VENERDÌ

SABATO

DOMENICA

APRILE 2023

L	M	M	G	V	S	D
					1	2
3	4	5	6	7	8	9
10	11	12	13	14	15	16
17	18	19	20	21	22	23
24	25	26	27	28	29	30

"Finirà anche la notte più buia
e sorgerà il sole"
Victor Hugo

TO DO

☐ . . . .
☐ . . . .
☐ . . . .
☐ . . . .
☐ . . . .
☐ . . . .

NOTE

LUNEDÌ 24

TO DO

☐ ....

☐ ....

☐ ....

☐ ....

☐ ....

☐ ....

NOTE

MARTEDÌ 25 *Festa Nazionale della Liberazione*

TO DO

☐ ....

☐ ....

☐ ....

☐ ....

☐ ....

☐ ....

NOTE

MERCOLEDÌ 26

TO DO

- [ ]
- [ ]
- [ ]
- [ ]
- [ ]
- [ ]

NOTE

GIOVEDÌ 27 *Giornata Mondiale del Disegno*

TO DO

- [ ]
- [ ]
- [ ]
- [ ]
- [ ]
- [ ]

NOTE

VENERDÌ 28

TO DO
- [ ] ....
- [ ] ....
- [ ] ....
- [ ] ....
- [ ] ....
- [ ] ....

NOTE

SABATO 29 ⚑ *Giornata Internazionale della Danza*

TO DO
- [ ] ....
- [ ] ....
- [ ] ....
- [ ] ....
- [ ] ....
- [ ] ....

DOMENICA 30

NOTE

BENVENUTO MAGGIO

OBIETTIVI DEL MESE

TO DO

1 .... ☐ ....
   .... ☐ ....
2 .... ☐ ....
   .... ☐ ....
3 .... ☐ ....
   .... ☐ ....

NOTE

LOL!

30 giorni ha novembre, con april,
giugno e settembre, di 28 ce n'è uno
e poi maggio con 91!

LUNEDÌ	MARTEDÌ	MERCOLEDÌ	GIOVEDÌ	VENERDÌ	SABATO	DOMENICA
1	2	3	4	5	6	7
8	9	10	11	12	13	14
15	16	17	18	19	20	21
22	23	24	25	26	27	28
29	30	31	1	2	3	4

FESTA DEL LAVORO

Indovina chi?
Osserva i cappelli e indovina il lavoro.

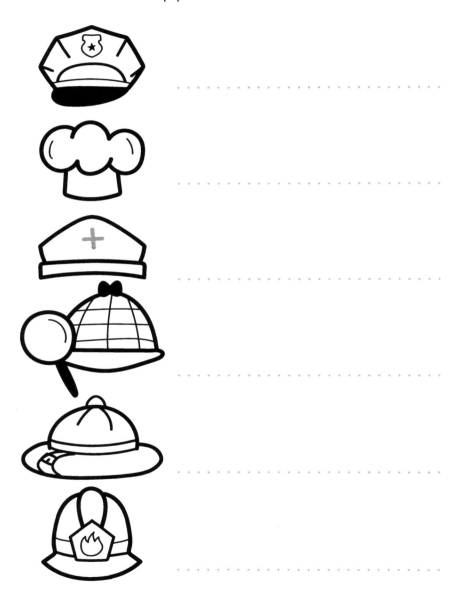

Qual è il lavoro dei tuoi sogni? Indosserai un cappello?

INTERVISTA ALLA MAMMA

Il tuo soprannome da ragazza

Cosa pensi dei tuoi capelli

Il lavoro dei tuoi sogni

Cosa ti piace guardare in TV

Una città che vorresti visitare

Il tuo cibo preferito

Gli anni che ti senti

Ti diverti quando io

3 TUE QUALITA'

RECAP SETTIMANALE

LUNEDÌ

MARTEDÌ

MERCOLEDÌ

GIOVEDÌ

VENERDÌ

SABATO

DOMENICA

MAGGIO 2023

L	M	M	G	V	S	D
1	2	3	4	5	6	7
8	9	10	11	12	13	14
15	16	17	18	19	20	21
22	23	24	25	26	27	28
29	30	31				

*"Non è mai troppo tardi per essere
ciò che avresti voluto essere"*
George Eliot

TO DO

☐ . . . .
☐ . . . .
☐ . . . .
☐ . . . .
☐ . . . .
☐ . . . .

NOTE

LUNEDÌ 1 🔖 *Festa del Lavoro*

TO DO

☐ . . . .

☐ . . . .

☐ . . . .

☐ . . . .

☐ . . . .

☐ . . . .

NOTE

☆ CONSIGLIO DI LETTURA: "Yes brain. Come valorizzare le risorse del bambino" di Daniel J. Siegel, Tina Payne Bryson

MARTEDÌ 2

TO DO

☐ . . . .

☐ . . . .

☐ . . . .

☐ . . . .

☐ . . . .

☐ . . . .

NOTE

MERCOLEDÌ 3 🔖 *Giornata Mondiale del Sole*

TO DO

- ☐ . . . .
- ☐ . . . .
- ☐ . . . .
- ☐ . . . .
- ☐ . . . .
- ☐ . . . .

NOTE

GIOVEDÌ 4

TO DO

- ☐ . . . .
- ☐ . . . .
- ☐ . . . .
- ☐ . . . .
- ☐ . . . .
- ☐ . . . .

NOTE

VENERDÌ 5

TO DO
- ☐ ....
- ☐ ....
- ☐ ....
- ☐ ....
- ☐ ....
- ☐ ....

NOTE

SABATO 6

TO DO
- ☐ ....
- ☐ ....
- ☐ ....
- ☐ ....
- ☐ ....
- ☐ ....

DOMENICA 7

NOTE

RECAP SETTIMANALE

LUNEDÌ

MARTEDÌ

MERCOLEDÌ

GIOVEDÌ

VENERDÌ

SABATO

DOMENICA

MAGGIO 2023

L	M	M	G	V	S	D
1	2	3	4	5	6	7
8	9	10	11	12	13	14
15	16	17	18	19	20	21
22	23	24	25	26	27	28
29	30	31				

"A scuola mi chiesero cosa volessi
diventare da grande, risposi "felice".
Mi dissero che non avevo capito
l'esercizio e io dissi loro che non
avevano capito la vita"
John Lennon

TO DO

☐ . . . .
☐ . . . .
☐ . . . .
☐ . . . .
☐ . . . .
☐ . . . .

NOTE

LUNEDÌ 8

TO DO

- [ ]
- [ ]
- [ ]
- [ ]
- [ ]
- [ ]

NOTE

MARTEDÌ 9

TO DO

- [ ]
- [ ]
- [ ]
- [ ]
- [ ]
- [ ]

NOTE

MERCOLEDÌ 10

TO DO

- [ ] ....
- [ ] ....
- [ ] ....
- [ ] ....
- [ ] ....
- [ ] ....

NOTE

GIOVEDÌ 11

TO DO

- [ ] ....
- [ ] ....
- [ ] ....
- [ ] ....
- [ ] ....
- [ ] ....

NOTE

MAGGIO 2023

VENERDÌ 12

☐ . . . .
☐ . . . .
☐ . . . .
☐ . . . .
☐ . . . .
☐ . . . .

NOTE

SABATO 13

☐
☐
☐
☐
☐
☐

DOMENICA 14 *Festa della mamma*

NOTE

RECAP SETTIMANALE

LUNEDÌ

MARTEDÌ

MERCOLEDÌ

GIOVEDÌ

VENERDÌ

SABATO

DOMENICA

MAGGIO 2023

L	M	M	G	V	S	D
1	2	3	4	5	6	7
8	9	10	11	12	13	14
15	16	17	18	19	20	21
22	23	24	25	26	27	28
29	30	31				

"Coloro che sono abbastanza folli
da pensare di poter cambiare
il mondo di solito lo fanno"
Steve Jobs

TO DO

- ☐ . . . .
- ☐ . . . .
- ☐ . . . .
- ☐ . . . .
- ☐ . . . .
- ☐ . . . .

NOTE

MAGGIO 2023

LUNEDÌ 15

TO DO

☐ . . . .
☐ . . . .
☐ . . . .
☐ . . . .
☐ . . . .
☐ . . . .

NOTE

☆ MOVIE TIME: La scuola

MARTEDÌ 16

TO DO

☐ . . . .
☐ . . . .
☐ . . . .
☐ . . . .
☐ . . . .
☐ . . . .

NOTE

MERCOLEDÌ 17 🔖 *Giornata Mondiale contro l'Omofobia*

TO DO

☐ ....
☐ ....
☐ ....
☐ ....
☐ ....
☐ ....

NOTE

GIOVEDÌ 18 🔖 *Giornata Internazionale dei Musei*

TO DO

☐ ....
☐ ....
☐ ....
☐ ....
☐ ....
☐ ....

NOTE

VENERDÌ 19

TO DO

☐ . . . .
☐ . . . .
☐ . . . .
☐ . . . .
☐ . . . .
☐ . . . .

NOTE

SABATO 20

TO DO

☐ . . . .
☐ . . . .
☐ . . . .
☐ . . . .
☐ . . . .

DOMENICA 21

☐ . . . .

NOTE

RECAP SETTIMANALE

LUNEDÌ

MARTEDÌ

MERCOLEDÌ

GIOVEDÌ

VENERDÌ

SABATO

DOMENICA

MAGGIO 2023

L	M	M	G	V	S	D
1	2	3	4	5	6	7
8	9	10	11	12	13	14
15	16	17	18	19	20	21
22	23	24	25	26	27	28
29	30	31				

"Non temete i momenti difficili.
Il meglio viene da lì"
Rita Levi Montalcini

TO DO

☐ . . . .
☐ . . . .
☐ . . . .
☐ . . . .
☐ . . . .
☐ . . . .

NOTE

LUNEDÌ 22

TO DO

☐ . . . .

☐ . . . .

☐ . . . .

☐ . . . .

☐ . . . .

☐ . . . .

NOTE

MARTEDÌ 23

TO DO

☐ . . . .

☐ . . . .

☐ . . . .

☐ . . . .

☐ . . . .

☐ . . . .

NOTE

MERCOLEDÌ 24

TO DO

☐ ....
☐ ....
☐ ....
☐ ....
☐ ....
☐ ....

NOTE

GIOVEDÌ 25

TO DO

☐ ....
☐ ....
☐ ....
☐ ....
☐ ....
☐ ....

NOTE

VENERDÌ 26

TO DO

☐ . . . .
☐ . . . .
☐ . . . .
☐ . . . .
☐ . . . .
☐ . . . .

NOTE

SABATO 27

TO DO

☐ . . . .
☐ . . . .
☐ . . . .
☐ . . . .
☐ . . . .

DOMENICA 28

☐ . . . .

NOTE

RECAP SETTIMANALE

MAGGIO 2023

L	M	M	G	V	S	D
1	2	3	4	5	6	7
8	9	10	11	12	13	14
15	16	17	18	19	20	21
22	23	24	25	26	27	28
29	30	31				

LUNEDÌ

MARTEDÌ

MERCOLEDÌ

"Qualche volta le cose buone vanno in frantumi affinché cose migliori possano arrivare"
Marilyn Monroe

TO DO

GIOVEDÌ

☐ . . . .
☐ . . . .
☐ . . . .
☐ . . . .
☐ . . . .
☐ . . . .

VENERDÌ

SABATO

NOTE

DOMENICA

LUNEDÌ 29

TO DO

- [ ] ....
- [ ] ....
- [ ] ....
- [ ] ....
- [ ] ....
- [ ] ....

NOTE

MARTEDÌ 30

TO DO

- [ ] ....
- [ ] ....
- [ ] ....
- [ ] ....
- [ ] ....
- [ ] ....

NOTE

MERCOLEDÌ 31

TO DO

- ☐ . . . .
- ☐ . . . .
- ☐ . . . .
- ☐ . . . .
- ☐ . . . .
- ☐ . . . .

NOTE

GIOVEDÌ 1 🔖 *Giornata Internazionale del Bambino*

TO DO

- ☐ . . . .
- ☐ . . . .
- ☐ . . . .
- ☐ . . . .
- ☐ . . . .
- ☐ . . . .

NOTE

⭐ CONSIGLIO DI LETTURA: "Alzare lo sguardo. Il diritto di crescere, il dovere di educare" di Susanna Tamaro

VENERDÌ 2   *Festa della Repubblica*

TO DO

☐ . . . .
☐ . . . .
☐ . . . .
☐ . . . .
☐ . . . .
☐ . . . .

NOTE

TO DO

☐ . . . .

SABATO 3

☐ . . . .
☐ . . . .
☐ . . . .
☐ . . . .

DOMENICA 4

☐ . . . .

NOTE

BENVENUTO GIUGNO

OBIETTIVI DEL MESE

1 . . . .
. . . .
2 . . . .
. . . .
3 . . . .
. . . .

TO DO

☐ . . . .
☐ . . . .
☐ . . . .
☐ . . . .
☐ . . . .
☐ . . . .

NOTE

Sei un insegnante se passerai l'estate
chiedendoti: "Che giorno è oggi?"

LUNEDÌ	MARTEDÌ	MERCOLEDÌ	GIOVEDÌ	VENERDÌ	SABATO	DOMENICA
29	30	31	1	2	3	4
5	6	7	8	9	10	11
12	13	14	15	16	17	18
19	20	21	22	23	24	25
26	27	28	29	30	1	2

OCCHIALI W L'ITALIA

2 GIUGNO

FESTA DELLA REPUBBLICA

©Maestrainbluejeans - QuadAgenda 2022

GHIRLANDA DEI RICORDI

Ripensa all'anno scolastico che sta per concludersi e scrivi:

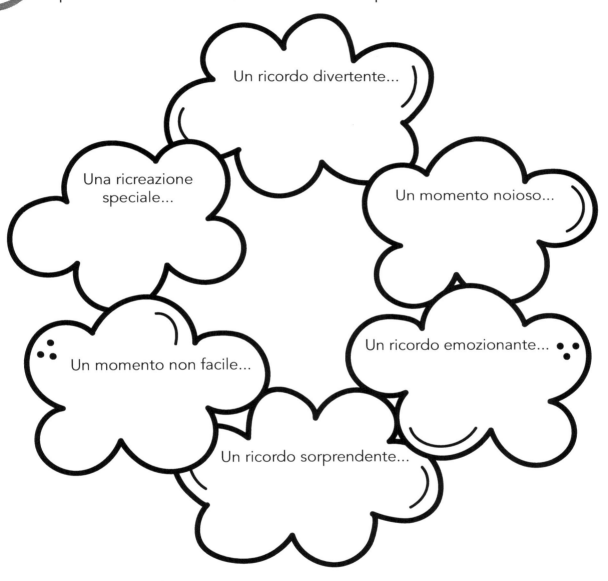

Ritaglia e appendi la tua ghirlanda dei ricordi in aula
e condividi con i compagni e le compagne.

RECAP SETTIMANALE

LUNEDÌ

MARTEDÌ

MERCOLEDÌ

GIOVEDÌ

VENERDÌ

SABATO

DOMENICA

GIUGNO 2023

L	M	M	G	V	S	D
			1	2	3	4
5	6	7	8	9	10	11
12	13	14	15	16	17	18
19	20	21	22	23	24	25
26	27	28	29	30		

"L'unico modo per iniziare è smettere
di parlare e incominciare a fare"
Walt Disney

TO DO

☐ . . . .
☐ . . . .
☐ . . . .
☐ . . . .
☐ . . . .
☐ . . . .

NOTE

GIUGNO 2023

LUNEDÌ 5   *Giornata Mondiale dell'Ambiente*

TO DO

☐ . . . .
☐ . . . .
☐ . . . .
☐ . . . .
☐ . . . .
☐ . . . .

NOTE

MARTEDÌ 6

TO DO

☐ . . . .
☐ . . . .
☐ . . . .
☐ . . . .
☐ . . . .
☐ . . . .

NOTE

MERCOLEDÌ 7

TO DO

☐ . . . .
☐ . . . .
☐ . . . .
☐ . . . .
☐ . . . .
☐ . . . .

NOTE

GIOVEDÌ 8 *Giornata Mondiale degli Oceani*

TO DO

☐ . . . .
☐ . . . .
☐ . . . .
☐ . . . .
☐ . . . .
☐ . . . .

NOTE

VENERDÌ 9

TO DO
- ☐ . . . .
- ☐ . . . .
- ☐ . . . .
- ☐ . . . .
- ☐ . . . .
- ☐ . . . .

NOTE

SABATO 10

TO DO
- ☐ . . . .
- ☐ . . . .
- ☐ . . . .
- ☐ . . . .
- ☐ . . . .
- ☐ . . . .

DOMENICA 11

NOTE

RECAP SETTIMANALE

LUNEDÌ

MARTEDÌ

MERCOLEDÌ

GIOVEDÌ

VENERDÌ

SABATO

DOMENICA

GIUGNO 2023

L	M	M	G	V	S	D
			1	2	3	4
5	6	7	8	9	10	11
12	13	14	15	16	17	18
19	20	21	22	23	24	25
26	27	28	29	30		

"La vita non arriva con le istruzioni su come viverla, ma arriva con gli alberi, i tramonti, i sorrisi e le risate. Quindi, goditi il presente"
Debbie Shapiro

TO DO

- ☐ . . . .
- ☐ . . . .
- ☐ . . . .
- ☐ . . . .
- ☐ . . . .
- ☐ . . . .

NOTE

LUNEDÌ 12

TO DO

☐ ....
☐ ....
☐ ....
☐ ....
☐ ....
☐ ....

NOTE

MARTEDÌ 13

TO DO

☐ ....
☐ ....
☐ ....
☐ ....
☐ ....
☐ ....

NOTE

MERCOLEDÌ 14

TO DO

☐ ....
☐ ....
☐ ....
☐ ....
☐ ....
☐ ....

NOTE

GIOVEDÌ 15

TO DO

☐ ....
☐ ....
☐ ....
☐ ....
☐ ....
☐ ....

NOTE

☆ MOVIE TIME: Essere e Avere

VENERDÌ 16

TO DO

- [ ]
- [ ]
- [ ]
- [ ]
- [ ]
- [ ]

NOTE

SABATO 17

TO DO

- [ ]
- [ ]
- [ ]
- [ ]
- [ ]
- [ ]

DOMENICA 18

NOTE

RECAP SETTIMANALE

LUNEDÌ

MARTEDÌ

MERCOLEDÌ

GIOVEDÌ

VENERDÌ

SABATO

DOMENICA

GIUGNO 2023

L	M	M	G	V	S	D
			1	2	3	4
5	6	7	8	9	10	11
12	13	14	15	16	17	18
19	20	21	22	23	24	25
26	27	28	29	30		

"Guarda un filo d'erba al vento
e sentiti come lui. Ti passerà
anche la rabbia"
Tiziano Terzani

TO DO

☐ . . . .
☐ . . . .
☐ . . . .
☐ . . . .
☐ . . . .
☐ . . . .

NOTE

LUNEDI` 19

TO DO

- [ ] ....
- [ ] ....
- [ ] ....
- [ ] ....
- [ ] ....
- [ ] ....

NOTE

MARTEDI` 20

TO DO

- [ ] ....
- [ ] ....
- [ ] ....
- [ ] ....
- [ ] ....
- [ ] ....

NOTE

MERCOLEDÌ 21 🔖 *Solstizio d'Estate*

TO DO

☐ . . . .
☐ . . . .
☐ . . . .
☐ . . . .
☐ . . . .
☐ . . . .

NOTE

GIOVEDÌ 22

TO DO

☐ . . . .
☐ . . . .
☐ . . . .
☐ . . . .
☐ . . . .
☐ . . . .

NOTE

VENERDÌ 23

TO DO

- [ ]
- [ ]
- [ ]
- [ ]
- [ ]
- [ ]

NOTE

SABATO 24

TO DO

- [ ]
- [ ]
- [ ]
- [ ]
- [ ]
- [ ]

DOMENICA 25

NOTE

RECAP SETTIMANALE

LUNEDÌ

MARTEDÌ

MERCOLEDÌ

GIOVEDÌ

VENERDÌ

SABATO

DOMENICA

GIUGNO 2023

L	M	M	G	V	S	D
			1	2	3	4
5	6	7	8	9	10	11
12	13	14	15	16	17	18
19	20	21	22	23	24	25
26	27	28	29	30		

"Il modo migliore per superare
le difficoltà è attaccarle
con un magnifico sorriso"
Robert Baden-Powell

TO DO

☐ . . . .
☐ . . . .
☐ . . . .
☐ . . . .
☐ . . . .
☐ . . . .

NOTE

GIUGNO 2023

LUNEDÌ 26

TO DO

☐ ....
☐ ....
☐ ....
☐ ....
☐ ....
☐ ....

NOTE

MARTEDÌ 27

TO DO

☐ ....
☐ ....
☐ ....
☐ ....
☐ ....
☐ ....

NOTE

GIUGNO 2023

MERCOLEDÌ 28

TO DO

- ☐ ....
- ☐ ....
- ☐ ....
- ☐ ....
- ☐ ....
- ☐ ....

NOTE

GIOVEDÌ 29

TO DO

- ☐ ....
- ☐ ....
- ☐ ....
- ☐ ....
- ☐ ....
- ☐ ....

NOTE

VENERDÌ 30

TO DO
- ☐ ....
- ☐ ....
- ☐ ....
- ☐ ....
- ☐ ....
- ☐ ....

NOTE

SABATO 1

TO DO
- ☐ ....
- ☐ ....
- ☐ ....
- ☐ ....
- ☐ ....
- ☐ ....

DOMENICA 2

NOTE

CALENDARIO 2023-2024

LUGLIO

L	M	M	G	V	S	D
					1	2
3	4	5	6	7	8	9
10	11	12	13	14	15	16
17	18	19	20	21	22	23
24	25	26	27	28	29	30
31						

AGOSTO

L	M	M	G	V	S	D
	1	2	3	4	5	6
7	8	9	10	11	12	13
14	15	16	17	18	19	20
21	22	23	24	25	26	27
28	29	30	31			

SETTEMBRE

L	M	M	G	V	S	D
				1	2	3
4	5	6	7	8	9	10
11	12	13	14	15	16	17
18	19	20	21	22	23	24
25	26	27	28	29	30	

OTTOBRE

L	M	M	G	V	S	D
						1
2	3	4	5	6	7	8
9	10	11	12	13	14	15
16	17	18	19	20	21	22
23	24	25	26	27	28	29
30	31					

NOVEMBRE

L	M	M	G	V	S	D
		1	2	3	4	5
6	7	8	9	10	11	12
13	14	15	16	17	18	19
20	21	22	23	24	25	26
27	28	29	30			

DICEMBRE

L	M	M	G	V	S	D
				1	2	3
4	5	6	7	8	9	10
11	12	13	14	15	16	17
18	19	20	21	22	23	24
25	26	27	28	29	30	31

GENNAIO

L	M	M	G	V	S	D
1	2	3	4	5	6	7
8	9	10	11	12	13	14
15	16	17	18	19	20	21
22	23	24	25	26	27	28
29	30	31				

FEBBRAIO

L	M	M	G	V	S	D
			1	2	3	4
5	6	7	8	9	10	11
12	13	14	15	16	17	18
19	20	21	22	23	24	25
26	27	28	29			

MARZO

L	M	M	G	V	S	D
				1	2	3
4	5	6	7	8	9	10
11	12	13	14	15	16	17
18	19	20	21	22	23	24
25	26	27	28	29	30	31

APRILE

L	M	M	G	V	S	D
1	2	3	4	5	6	7
8	9	10	11	12	13	14
15	16	17	18	19	20	21
22	23	24	25	26	27	28
29	30					

MAGGIO

L	M	M	G	V	S	D
	1	2	3	4	5	
6	7	8	9	10	11	12
13	14	15	16	17	18	19
20	21	22	23	24	25	26
27	28	29	30	31		

GIUGNO

L	M	M	G	V	S	D
					1	2
3	4	5	6	7	8	9
10	11	12	13	14	15	16
17	18	19	20	21	22	23
24	25	26	27	28	29	30

REGISTRO

REGISTRO

TEAM DOCENTE

Maestr............................ Materie ....

....

Maestr............................ Materie ....

....

Maestr............................ Materie ....

....

Maestr............................ Materie ....

....

Maestr............................ Materie ....

....

Maestr............................ Materie ....

....

Maestr............................ Materie ....

....

Maestr............................ Materie ....

....

ESPERTI

Nome .... Contatto ....

Note ....

Nome .... Contatto ....

Note ....

Nome .... Contatto ....

Note ....

Nome .... Contatto ....

Note ....

Nome .... Contatto ....

Note ....

Nome .... Contatto ....

Note ....

Nome .... Contatto ....

Note ....

REGISTRO

ORARIO DI CLASSE

	LUNEDÌ	MARTEDÌ	MERCOLEDÌ	GIOVEDÌ	VENERDÌ	SABATO
1						
2						
3						
4						
5						
6						
7						
8						

RICEVIMENTO GENITORI

REGISTRO

GIORNO	ORARIO	LOCALE
	___ / ___	
	___ / ___	
	___ / ___	
	___ / ___	
	___ / ___	
	___ / ___	
	___ / ___	
	___ / ___	
	___ / ___	
	___ / ___	
	___ / ___	
	___ / ___	
	___ / ___	
	___ / ___	

REGISTRO

CHECKLIST

"Fa quel che può, quel che non può non fa" (Alberto Manzi)

Alunni													

REGISTRO

Ricordiamo sempre di non identificare l'alunno con
il voto/livello e di non stigmatizzare i suoi errori anzi mostrare
come siano necessari e parte integrante del processo di apprendimento.

Alunni

REGISTRO

COMPLEANNI

GENNAIO

FEBBRAIO

MARZO

APRILE

MAGGIO

GIUGNO

LUGLIO

AGOSTO

SETTEMBRE

OTTOBRE

NOVEMBRE

DICEMBRE

GRUPPI

COMMISSIONI

MATERIA

IMPEGNI DELLA CLASSE

REGISTRO

LIBRI DI CLASSE

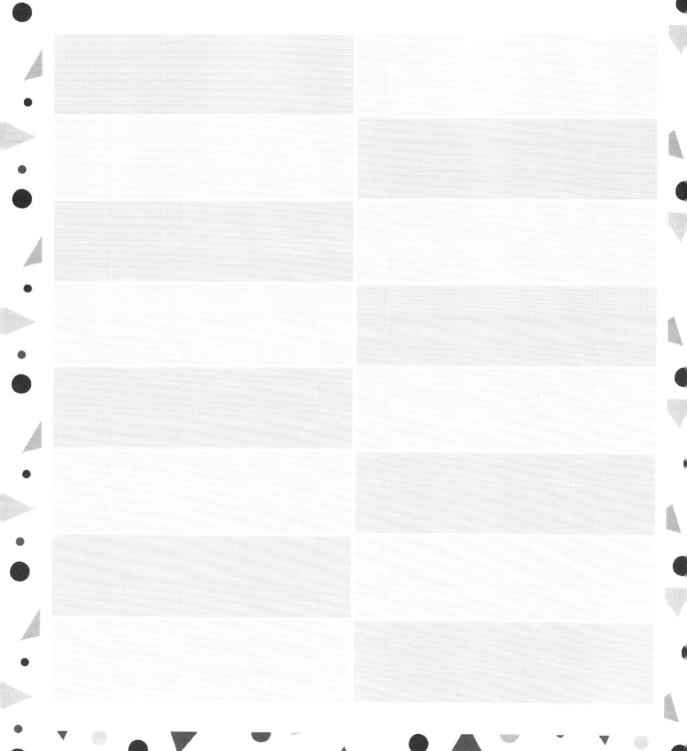

UN LIBRO PER SCEGLIERE DI ESSERE FELICI

GIOCHI

ATTIVITÀ

SFIDE SETTIMANALI

DIARIO DELLA GRATITUDINE

Disponibile su Amazon

🌐 www.maestrainbluejeans.com   📷 @maestrainbluejeans

SITI E SOCIAL

PASSWORD

NOTE

NOTE

NOTE

NOTE

RESTIAMO IN CONTATTO

WEBSITE

WWW.MAESTRAINBLUEJEANS.COM

INSTAGRAM

@MAESTRAINBLUEJEANS

@QUADAGENDAOFFICIAL

QuadAGENDA
è un progetto di

Progetto grafico, illustrazioni e impaginazione a cura di

Laura Argiolas - LaughLau
www.laughlau.it

Printed by Amazon Italia Logistica S.r.l.
Torrazza Piemonte (TO), Italy

39035821R00172